BIENVENIDO A SEVILLA

AF193854

El campanario de la Giralda.
Artur Bogacki/Getty Images Plus

Llegar a Sevilla

En avión

Aeropuerto de San Pablo
- www.aena.es - ☏ 902 404 704
- A 12 km de Sevilla por la autovía A 4
-E 5 (dirección Córdoba).

Desde el aeropuerto de San Pablo

Autobús - La empresa **Tussam** (☏ 010 de Sevilla o 955 010 010 - www.tussam.es) gestiona los **autobuses urbanos** entre el aeropuerto y Sevilla (terminal: plaza de Armas). Esta es la EA (Especial Aeropuerto). Dos o tres autobuses por hora según la hora del día.
Del aeropuerto a la ciudad: de 6:00 a 24:00 h.
De Sevilla al aeropuerto: de 5:30 a 23:00 h.
Trayecto: 35-40 min - 4€.
Parada: En el aeropuerto, sal de la terminal del aeropuerto por el nivel 0. En Sevilla, salida desde la plaza de Armas (al oeste del Museo de Bellas Artes), dirección estación Santa Justa. Consulta los horarios en la web de Tussam o en la oficina de turismo.
Taxi - Calcula 23,50 € para llegar al centro de la ciudad (26,20 € fines de semana, festivos y después de las 21:00 h), equipaje incluido. La tarifa es fija en ambas direcciones, por lo que no se usa taxímetro.
☞ *Información práctica/Taxi, pág. 104.*

En tren

Estación de Santa Justa - Avenida de Kansas City s/n - www.adif.es - ☏ 912 432 343 - www.renfe.com. La estación, construida con motivo de la Exposición Universal de 1992, está situada al este del centro de la ciudad.
Autobús - El nº 32 pasa por la avenida de Kansas City y conduce a la Plaza de la Encarnación, en pleno centro de la ciudad.
Taxi - Calcula 8/10 € entre la estación y el centro de la ciudad.

Autobús especial Sevilla

Billete sencillo: 1,40 €, válido para un viaje en todas las líneas. Se puede comprar al conductor.
Tarjeta multiviaje: recargable de 7 € (mínimo) a 50 € (máximo).
Tarjeta turística: 1 día (5 €), 3 días (10 €).
En la compra de las tarjetas se deberá abonar un depósito de 1,50€/2€; a la venta en taquillas y máquinas expendedoras, en quioscos y en tabacos; se pueden recargar en la página web de Tussam.
Feria: transporte a la Feria 24 h (1,60 €).
☞ *City Expert, pág. 100 y Transporte público, pág. 104.*

Metrocentro, la línea de tranvía de Sevilla.
Marcus Lindstrom/Getty Images Plus

No puedes perderte
Los lugares más bonitos elegidos para ti.

voir plan
Autour de

★★★ **La Giralda**
Mapa E5 - pág. 16

★★ **Metropol Parasol**
Mapa E3-4 - pág. 36

★★★ **Zurbarán** ★★★ **Museo de Bellas Artes**
Mapa D4 - pág. 28

★★★ **Barrio de Santa Cruz**
Mapa F5 - pág. 24

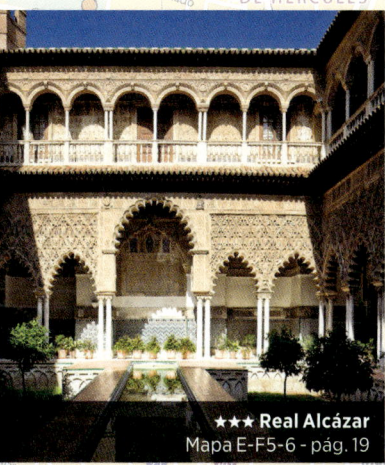

★★★ **Real Alcázar**
Mapa E-F5-6 - pág. 19

★★ **Plaza de España**
Mapa F-G7 - pág. 48

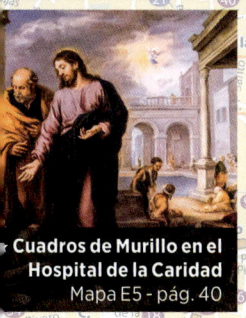

Cuadros de Murillo en el Hospital de la Caridad
Mapa E5 - pág. 40

★★ **Casa de Pilatos**
Mapa F-G4 - pág. 35

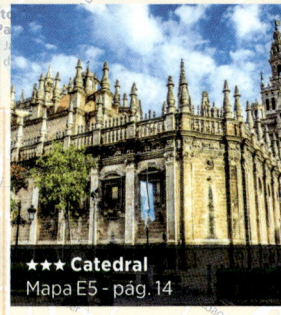

★★★ **Catedral**
Mapa E5 - pág. 14

Nuestros favoritos

💜 **Santa Cruz de noche.** Estamos en el corazón de la magia sevillana. Tenues acordes de guitarra y un intenso aroma a jazmín: un auténtico escenario teatral en el que no sería extraño encontrarse con Don Juan encapuchado con su capa negra.... *Ver pág. 24.*

💜 **Recorre los bares de tapas** como un auténtico sevillano. Pasa por los clásicos bares, decorados con azulejos y jamones colgando, hasta los nuevos establecimientos que combinan las tapas tradicionales con las de otras cocinas del mundo. *Ver pág. 66.*

💜 **La magia del cante.** Una silla, unos acordes de guitarra y una voz rota que se eleva en el aire... Un espectáculo mágico que se puede dar en cualquier lugar, en el escenario del teatro Lope de Vega o en un bar de Triana. *Ver pág. 89.*

💜 **Prueba los «dulces de convento».** Bollitos y mantecados de las clarisas de Santa Inés, pestiños y empanadillas de las carmelitas de Santa Ana: ¿quién dijo que la gula es pecado? *Ver pág. 82.*

💜 **Tomar algo en el patio del Hotel Alfonso XIII.** Un gran patio que recuerda el estilo mudéjar, con cómodos sillones y un ambiente tranquilo: un lugar refinado donde saborear fino o manzanilla. *Ver pág. 76.*

💜 **Relájate en los jardines del Alcázar.** Al son del suave sonido del agua, haz una pausa en un banco de azulejos: un momento de paz durante el cual el tiempo parece detenerse. *Ver pág. 23.*

💜 **Colores y aromas de Sevilla**. El rojo de la buganvilla, los chispeantes blancos y ocres (¡ese tono tan sevillano!) de las fachadas, el azul profundo del cielo; pero también el aroma de los azahares en primavera o del jazmín en las noches de verano: ¡es imposible imaginar Sevilla en blanco y negro!

titoslack/Getty Images Plus

Una colorida callejuela del casco antiguo.

💗 **Fiestas de primavera.** Entre marzo y abril Sevilla vive dos momentos importantes: primero, la Semana Santa, religiosa y pagana, trágica y festiva, durante la cual procesionan los pomposos pasos acompañados por el aroma del incienso y el canto desgarrador de las saetas, mientras se lanzan pétalos de flores desde los balcones. Dos semanas más tarde, la Feria de Abril o Feria de Sevilla debuta en una explosión de colores. Las sevillanas visten el tradicional traje de volantes y se adornan con flores y peinetas de carey, mientras los hombres desfilan con las tradicionales chaquetillas cortas. Dos caras de una ciudad llena de contrastes. *Ver págs. 120-122.*

💗 **Un mirador sobre la ciudad.** Nada más cruzar el puente, en el lado de Triana, la calle Betis, que bordea el canal, ofrece una vista del casco antiguo dominada por el perfil de la Catedral y el minarete de la Giralda. Una vista encantadora que también se puede apreciar desde las terrazas de los bares. *Ver pág. 44.*

💗 **Palacios y casas señoriales de la aristocracia sevillana.** En casi todas partes del centro histórico se pueden admirar los escudos de armas, tallados

💗 **Pasea por el mercadillo de El Jueves, el mercadillo más antiguo de la ciudad (¡desde el siglo XIII!),** que se celebra los jueves por la mañana en la calle Feria. Te fascinará el ambiente popular y los variopintos personajes. *Ver pág. 86.*

Lolo Vasco/Tramagestión/Turismo Andaluz

La Feria.

sobre las puertas o los portones decorados que permiten imaginar la suntuosidad de estas casas históricas. Es posible visitar algunos de ellos. *Ver pág. 27.*

💗 **Admira el horizonte de Sevilla desde lo alto del Metropol Parasol** y pasea por encima de la ciudad a lo largo de su mirador. Este edificio ultramoderno, en pleno centro histórico, se ha convertido ya en uno de los emblemas de la ciudad. Mezcla de modernidad y tradición, ¡así es Sevilla! *Ver pág. 36.*

💗 **Disfruta del agua y la sangre sevillanas** con los dos cócteles insignia de Garlochí. *Ver pág. 87.*

7

Sevilla en 3 días

Día 1

▶ **Mañana**

Imprescindible: empezar por la inmensa **Catedral★★★** *(pág. 14)* y su famoso **Patio de los Naranjos★** *(pág. 17)*, antes de emprender la ascensión a la **Giralda★★★** *(pág. 16)*.

▶ **Mediodía**

Disfruta de unas tapas en un bar de la **calle Rodrigo Caro** *(pág. 66)*.

▶ **Tarde**

Pasea tranquilamente, con el único objetivo de disfrutar del increíble encanto de los lugares del **barrio de Santa Cruz★★★** *(pág. 24)*. Por la tarde, visita la **Casa de Pilatos★★** *(pág. 35)* un palacio aristocrático de refinado encanto. Y ya que estás en los alrededores, ¿por qué no vas a comprar (y degustar *in situ*) unos dulces de convento preparados por las monjas del **Convento de Santa Inés** *(pág. 82)*?

▶ **Noche**

Vuelve a **Santa Cruz★★★** *(pág. 24)* para descansar en una placita, tomar una copa o cenar en el ambiente tranquilo de este barrio atemporal. Termina el día por todo lo alto con un espectáculo flamenco.

Día 2

▶ **Mañana**

Dedica la mañana a descubrir la sofisticación árabe-andalusí del **Real Alcázar★★★** *(pág. 19)* y aprovecha la calma y el frescor de sus magníficos **jardines★★** *(pág. 23)*. Después, recorre las orillas del Guadalquivir, el río que trajo la prosperidad a la ciudad. Por el camino, puedes visitar la **Torre del Oro★** *(pág. 40)*, las soberbias arenas de la **Real Maestranza★** *(pág. 42)* o, si quieres adentrarte en el barrio del Arenal, la **Iglesia-Hospital de la Caridad★** *(pág. 40)*, famosa por sus sorprendentes pinturas de Juan de Valdés Leal.

▶ **Mediodía**

Cruza el río para almorzar en uno de los bares de **Triana** *(pág. 72)*.

▶ **Tarde**

Tras un paseo por **Triana★** *(pág. 43)*, bordea el río por la **calle Betis** *(pág. 44)* para descubrir la encantadora vista del centro de la capital andaluza. Tras cruzar el puente San Telmo, disfruta del frescor del hermoso **Parque de María Luisa★** *(pág. 48)*, cuyas exóticas esencias harán las delicias de los amantes de la botánica. Por supuesto, quédate en la asombrosa **Plaza de España★★** *(pág. 48)*, divirtiéndote descifrando los episodios históricos representados en los bancos decorados con azulejos. En cuanto a museos, no te faltarán

♥ **Cuando los penitentes se agolpan.** Durante la Semana Santa, es imposible circular por el centro de la ciudad (¡incluso a pie!), atestado de procesiones.

opciones: puedes elegir entre el **Museo de Artes y Costumbres Populares** *(pág. 51)* y el **Museo Arqueológico**★ a *(pág. 50)*.

▶ **Noche**
De vuelta al centro, pasea por la zona de la Universidad, antigua **Real Fábrica de Tabacos** *(pág. 48)*, donde planea el fantasma de Carmen de Mérimée; luego tómate un aperitivo en el encantador patio mudéjar del **Hotel Alfonso XIII** *(págs. 48 y 76)*, antes de cenar en el barrio del Arenal *(pág. 71)*.

Día 3
Dedica una mañana a las compras paseando desde la plaza de San Francisco a la legendaria **calle Sierpes** *(pág. 33)* con sus encantadoras tiendecitas. También puedes hacer una escapada gastronómica a **La Campana** *(pág. 76)*, también para visitar el **Palacio de las Dueñas**★★ *(pág. 38)* suntuosa residencia sevillana de los duques de Alba.

▶ **Mediodía**
No lejos de allí se alzan las «setas» del **Metropol Parasol**★★ *(pág. 36)* donde podrás encontrar fácilmente algo de comer.

▶ **Tarde**
Dedica 2 h a visitar el **Museo de Bellas Artes**★★★ *(pág. 28)* aunque solo sea para admirar los lienzos de Zurbarán. Si después te apetece un poco de aire fresco, dirígete a la iglesia barroca de **San Luis de los Franceses**★ *(pág. 56)* y llega hasta la **Basílica de la**

T. Bognár/age fotostock

La Campana.

Macarena★ *(pág. 55)* para admirar la efigie de la virgen predilecta de los sevillanos.

▶ **Noche**
A la hora del paseo, camina por la **Alameda de Hércules** *(pág. 52)*, una amplia avenida donde encontrarás un gran número de bares y pequeños restaurantes.

Y si te queda tiempo
Cruza el Guadalquivir en dirección a la **isla de la Cartuja**★ *(pág. 59)* para descubrir su centro de arte contemporáneo y sus jardines.

VISITAR SEVILLA

La Torre del Oro junto al río Guadalquivir.
MarquesPhotography/Getty Images Plus

Sevilla hoy

En Sevilla, el estilo de vida solo puede ser gitano. La presencia del sol, que brilla casi todo el año, influye en el carácter jovial y festivo típico de los sevillanos.

Atmósfera

Uno se olvida pronto de mirar el reloj. Deja pasar el tiempo para saborear cada instante y sucumbir al encanto de la improvisación. Pasear sin prisas por las terrazas de los cafés y los fragantes jardines o dormir la siesta no es tiempo perdido, sino bien empleado. Sevilla invita al visitante a ralentizar el paso, a escuchar el murmullo de las fuentes, a abrir las pesadas puertas de los monasterios y a demorarse en algún patio para disfrutar de su frescor. El irresistible encanto de esta ciudad es una sutil alquimia entre el deber y el ocio. Alegre pero reservada, la ciudad tiene su propio ritmo. La sonrisa de un camarero en un café, el saludo de un transeúnte, la mirada distinguida pero relajada de una señora en la calle Sierpes: la espontaneidad y la dulzura acompañan cada acto de la vida cotidiana. Amante de la vida al aire libre, el sevillano posee un arte de vivir que aúna en un solo gesto gracia y opulencia, naturalidad y refinamiento. Elegancia al estilo andaluz.
Aquí conviven en armonía tradición y modernidad, paganismo y devoción, dibujando los contornos de una ciudad única. Como punto culminante la **Semana Santa** es un rico fenómeno cultural que reúne diferentes aspectos (artísticos, sociales, folclóricos), de los cuales la religión es quizá el menos importante. Dos semanas más tarde, la **Feria de Abril** reúne a los habitantes de la ciudad que, ataviados con trajes tradicionales, bailan y brindan por la alegría de la recién estrenada primavera. Sincretismo: esta es la palabra que mejor define a esta ciudad hecha de sombra y luz, júbilo y recogimiento, atavismo y apertura, como el arte del **toreo** y el **flamenco** que la representan a la perfección.

Aventuras

Sevilla ha conocido un destino trágico y próspero al mismo tiempo debido a su situación estratégica junto al **Guadalquivir**, cerca del océano. Sentado frente al río, en un banco de piedra de la **calle Betis**, es fácil imaginar a las carabelas izando sus velas para poner rumbo al Nuevo Mundo. Cristóbal Colón, Magallanes, Américo Vespucio y muchos otros navegantes desconocidos soñaron con embarcarse hacia esas tierras lejanas, promesa de aventuras y fortuna.
Sevilla árabe, judía y cristiana: la ciudad tiene una **triple cara** delineada por las vicisitudes históricas. Las capas de su pasado constituyen un legado histórico, religioso y cultural. Las innumerables influencias, creencias y tradiciones que se han sucedido han contribuido a construir la identidad de la ciudad a lo largo del tiempo y han dejado un patrimonio artístico y humano excepcional: palacios, iglesias y jardines, pero también fiestas populares, música y mucho más.

Alphotographic/ Getty Images Plus

Metropol Parasol, plaza de la Encarnación, del estudio de arquitectura J. Mayer H. and Partners.

Transformaciones

Sevilla, capital de Andalucía, es la cuarta ciudad más grande e importante de España. La Exposición Universal de 1992, punto de inflexión, dejó una impronta de modernidad y apertura al mundo que los años siguientes no han hecho sino confirmar. Hoy en día, el sector servicios combinado con una industria discreta pero dinámica, emplea a gran parte de la población, y el resto trabaja para los distintos organismos de las administraciones regional y nacional. Sus dos universidades atraen a estudiantes de toda la región y del extranjero.

Sin duda, la ciudad ha entrado en la modernidad, pero sin perder su alma, sobre la que el tiempo no ejerce ningún control.

Sevilla vive, sin embargo, tiempos inciertos. La expansión del turismo y la museificación proyectan una sombra ominosa sobre la ciudad que, no obstante, lleva siglos atrayendo a los viajeros.

Frente a la gentrificación, Sevilla aspira a un saludable retorno a sus raíces. Surgen iniciativas para reflexionar sobre el impacto de los nuevos estilos de vida y revalorizar la cultura local. Orgullosos de su identidad y enamorados de su ciudad, los sevillanos aprecian el bar de barrio sin dejar de lado las nuevas direcciones de moda; frecuentando tiendas de moda pero sin desdeñar el comercio tradicional.

La arquitectura desafía la modernidad en un centro histórico que se ha mantenido prácticamente intacto. La gastronomía se reinventa pero también se deleita con recetas clásicas. Porque Sevilla, repetimos, siempre ha combinado con maestría lo antiguo y lo nuevo.

Sevilla irradia una alegría comunicativa, un estilo de vida y un sentido de la fiesta que confieren a la ciudad un encanto único.

Nos deja hechizados por su encanto y cautivados por su misterio, habiendo vislumbrado una parte de su personalidad, pero con la sensación de que guarda para sí el secreto de una sabiduría milenaria, aunque con la certeza de que volveremos, sin duda...

13

La Catedral★★★ y la Giralda★★★

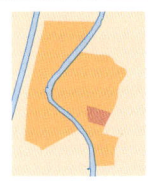

La Giralda es una torre muy polifacética: amarilla, naranja o rosa según la hora del día y la luz del sol, se alza majestuosa en el centro de la ciudad. A su lado, la catedral, el mayor edificio gótico del mundo, explica sus pináculos y almenas de piedra. Es el corazón de la ciudad histórica, el punto hacia el que convergen todas las calles.

▶ **Cómo llegar:** la entrada se encuentra en la calle Fray Ceferino González.
Mapa extraíble E5. Plano del barrio pág. 26.
▶**Consejo:** en temporada alta, llega antes de la apertura para evitar la larga cola. Calcula 1 h 30 min. El glosario de arte (◉ *pág. 130*) te informará sobre los términos técnicos utilizados en la descripción del monumento.

Catedral ★★★

E5 *Av. de la Constitución -* 🕿 *902 09 96 92 - www.catedraldesevilla.es -* ♿ *- diario de 10:30 a 19:30 h, do. de 14:30 a 19:00 h; la taquilla cierra 30 min antes - 12 € (menores de 14 años gratis) - es muy recomendable comprar las entradas en Internet.*
Plano del monumento pág. 17.
Es la mayor **catedral** gótica de España. Deseosos de impresionar al mundo, sus constructores decidieron, a principios del siglo XV, erigirla en los terrenos que había dejado vacantes el derribo de la antigua Gran Mezquita almohade, adaptada hasta entonces al rito cristiano. La inmensa nave de piedra, cuya construcción se prolongó durante más de un siglo, tiene como vanos nada menos que ocho puertas de distintas épocas que, sin embargo, no rompen la armonía de un conjunto en el que son reconocibles los primeros elementos renacentistas. El interior de la catedral es sorprendentemente espacioso, característica acentuada por la finura de las columnas. La **tumba de Cristóbal Colón** (siglo XIX) se encuentra justo en el eje de la entrada.

Sacristía de los Cálices

Los **tesoros★★** de la catedral se guardan en las sacristías, a la derecha del sepulcro. La **Sacristía de los Cálices** contiene encantadoras obras de arte: un Goya que representa a las santas Rufina y Justa, martirizadas en 238 por los romanos, y obras de **Zurbarán**, **Alejo Fernández** y **Valdés Leal**. Detente a admirar el *Cristo de la Clemencia,* magistral **escultura★★** de **Martínez Montañés** y, en la antesala, el enorme candelabro de quince brazos, *El Tenebrario.*

Sacristía Mayor

La **Sacristía Mayor** es una hermosa sala del siglo XVI que alberga la custodia renacentista de Juan de Arfe, realizada en media tonelada de plata. Aquí también se pueden admirar **pinturas★** de Murillo y Zurbarán. El **Cabildo** (Sala Capitular), presidido por una *Inmaculada* de **Murillo** es un magnífico ejemplo de arquitectura plateresca.

Coro

En el centro de la catedral, a ambos lados del crucero, el **Coro** cuenta con una encantadora sillería del siglo XVI y domina la Capilla Mayor.

Capilla Mayor★★

La **Capilla Mayor**, cuyo acceso está protegido por una espléndida **reja★** plateresca, alberga un gigantesco **retablo★★★** flamenco terminado en 1525. Se trata de una espectacular obra de arte de más de 20 m de altura. Admira la profusión y la elegancia de las decoraciones, que ilustran principalmente escenas de la vida de Cristo y de la Virgen María. Miles de estatuas (algunas de **Pedro Millán** y **Alejo Fernández**) adornan los cuarenta y cinco compartimentos de este retablo políptico.

Capilla Real★★

Cerrada por una **reja★** de hierro forjado, la **Capilla Real** (abierta solo durante el culto, con entrada independiente de la de la iglesia) se encuentra en la cabecera.
Se entra por un gran arco que permite admirar, desde lejos, la cuenca absidal en forma de concha de Santiago y la magnífica **cúpula★★** ricamente decorada. Aquí se hallan el sepulcro de Alfonso X, la estatua de la patrona de Sevilla, Nuestra Señora de los Reyes, y la urna de plata y cristal que contiene las reliquias del rey Fernando III, conocido como el Santo. En una capilla situada a la izquierda de la Capilla Real se puede admirar una serie de pinturas de **Zurbarán** para un retablo que ilustra la vida de san Pedro.
El crucero está cubierto de magníficas **bóvedas★★** de 55 m de altura. En el suelo, un espejo te permitirá apreciar su belleza sin forzar demasiado el cuello.

La Giralda ★★★

E5 A pocos pasos se encuentra la Giralda, auténtico símbolo de Sevilla. Este antiguo minarete es una obra maestra de la arquitectura almohade. La sobriedad de la decoración y de los materiales utilizados es una característica de la estética austera de los almohades, en clara ruptura con la exuberancia del arte decorativo del Califato de Córdoba. La construcción se remonta a finales del siglo XII. La base descansa sobre piedra de sillería y mármol romano, mientras que los ladrillos de la fachada forman el motivo decorativo *sebka*, que encontramos en el minarete Koutoubia de Marrakech. En el siglo XVI, el arquitecto cordobés **Hernán Ruiz** levantó sobre el campanario renacentista una estatua que representa la Fe, colocada in situ en 1568. Originalmente se llamaba Giralda porque giraba con el cambio de viento, luego con el paso del tiempo el nombre pasó a designar a la torre en su conjunto, mientras que la estatua tomó el nombre de Giraldillo. Se accede a la torre a través de la catedral

CATEDRAL DE SEVILLA

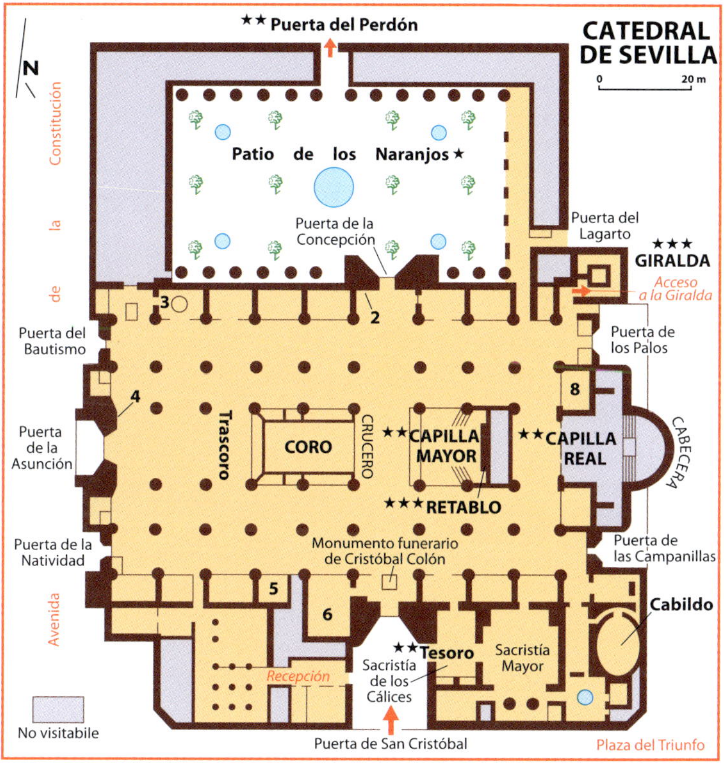

0   20 m

N

Constitución

de   la

Avenida

★★ **Puerta del Perdón**

Patio   de   los   Naranjos ★

Puerta de la
Concepción

Puerta del
Lagarto

GIRALDA ★★★

*Acceso
a la Giralda*

Puerta del
Bautismo

3

2

Puerta de
los Palos

Puerta del
Bautismo

4

Trascoro

CORO

CRUCERO

★★ **CAPILLA MAYOR**

★★★ **RETABLO**

★ **CAPILLA REAL**

8

CABECERA

Puerta de
la Asunción

Puerta de la
Natividad

Monumento funerario
de Cristóbal Colón

Puerta de
las Campanillas

5

6

Cabildo

Recepción

★★ **Tesoro**

Sacristía
de los
Cálices

Sacristía
Mayor

No visitabile

Puerta de San Cristóbal

Plaza del Triunfo

17

(la entrada se encuentra en la fachada norte) a lo largo de treinta y cinco tramos. No te pierdas la Capilla de San Antonio y el cuadro de Murillo, la **Visión de San Antonio**★. La subida es larga, pero no demasiado agotadora, y los vanos, equipados con balaustradas, permiten admirar el maravilloso **interior**★★★ de la catedral, con cúpulas, chapiteles, contrafuertes, pináculos y gárgolas, y ofrecen una encantadora **vista**★★ de la ciudad.

El **Patio de los Naranjos**★ es el lugar donde se realizaban las antiguas abluciones de la mezquita. Resulta aún más encantador por la presencia de una fuente. Es una agradable parada después de subir a lo alto de la Giralda.

Puerta del Perdón★★

La visita termina al salir por la **Puerta del Perdón**, la más antigua de la catedral. El arco almohade, decorado con versículos del Corán, está coronado por un frontón ornamentado con un bajorrelieve que representa a Jesús expulsando a los mercaderes del Templo y esculturas del siglo XVI.

Palacio Arzobispal

E5 *Plaza Virgen de los Reyes s/n - ☎ 954 505 505 - visitas guiadas una vez al mes y con cita previa en www.archisevilla.org - gratis.*

La magnífica fachada barroca del **Palacio Arzobispal** domina la plaza Virgen de los Reyes. Construido en el siglo XVII, alberga la segunda pinacoteca más rica de Sevilla: al menos dos lienzos de Murillo, seis de Zurbarán y varias obras maestras de artistas como Francisco Herrera el Viejo y Mattia Preti decoran las salas del palacio. La visita incluye los dos patios, la escalera monumental, el oratorio, ricamente moldurado, el salón del trono, el despacho del nuncio y el suntuoso salón de los cuadros, cuyas paredes y techos están cubiertos de pinturas. Justo enfrente hay una estación para coches de caballos.

Desde la plaza Virgen de los Reyes se llega a la **plaza del Triunfo.**

Archivo General de Indias

E5 *Avda de la Constitución s/n - ☎ 954 500 528 - ♿ - de ma. a sá. de 9:30 a 16:30 h, do. y festivos de 10:00 a 13:30 h - cerrado 1 de enero, 6 de enero, Jueves y Viernes Santo, 24, 25 y 31 de diciembre - gratis.*

La Giralda.

Construido durante el reinado de Felipe II, este elegante edificio de estilo renacentista fue diseñado en el siglo XVI por Juan de Herrera para ser utilizado como Logia de Mercaderes, y se terminó en 1646.

En 1785, Carlos III, mediante la intervención arquitectónica de Luca Cintora, lo adaptó para convertirlo en **Archivo General de Indias** y centralizó allí la documentación relativa a las posesiones españolas de ultramar entre los siglos XV y XIX: unos 80 000 documentos originales que trazan la historia entre España y las colonias americanas. Figura la correspondencia entre Cristóbal Colón y los Reyes Católicos. Los visitantes tienen acceso a una sala que recorre la historia del edificio.

Real Alcázar★★★

Construido, ampliado y reformado en los siglos xi y xx, el Palacio Real de Sevilla, erigido sobre los cimientos de una fortaleza árabe, representa una extraordinaria síntesis de la historia arquitectónica de la ciudad. Sus salones con cúpulas doradas, sus muros cubiertos de azulejos y sus magníficos jardines han sido testigos de algunas de las historias más importantes de la ciudad y de España.

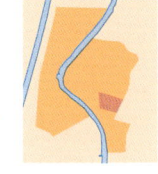

▶ **Cómo llegar:** la entrada se encuentra en la plaza del Triunfo.
Mapa extraíble EF5-6. Plano del barrio pág. 26.
▶**Consejo:** en las horas de más calor, una visita a los salones y jardines puede proporcionarte un agradable frescor. Calcula unas 2 h.

Real Alcázar ★★★

EF5-6 *Patio de Banderas - ✆ 954 502 324 - www.alcazarsevilla.org - ♿ - de abril a octubre de 9:30 a 19:00 h; de noviembre a marzo hasta las 17:00 h - cerrado 1 y 6 de enero, Viernes Santo, 25 de diciembre - 13,50 € - audioguía para descargar en tu teléfono - se recomienda comprar las entradas por Internet.*

Plano del monumento pág. 22.

Este hermoso conjunto de palacios sorprende por la coexistencia de diferentes estilos arquitectónicos. A pesar de las apariencias, la mayoría de las estancias y decoraciones no datan de la época árabe, sino que fueron construidas por los Reyes Católicos, nuevos detentadores del poder, cuyo gusto aún estaba condicionado por varios siglos de dominación musulmana. Del alcázar almohade (siglo xii) solo quedan el Patio del Yeso y los arcos que separan el Patio de la Montería del Patio del León. En el siglo xiii, el rey castellano Alfonso X el Sabio mandó construir el palacio gótico (actuales salones de Carlos V). Obra maestra del arte mudéjar, la pieza central del palacio fue construida a partir de 1362 por Pedro I, quien encargó la obra a artesanos granadinos, lo que explica que la decoración sea muy similar a la de la Alhambra, de la misma época. El palacio sufrió más reformas en tiempos de Juan II, los Reyes Católicos, Carlos V y Felipe II.

Sala de la Justicia★ y Patio del Yeso★

A la izquierda del Patio del León. La Sala de la Justicia se erigió en el siglo xiv sobre los restos del antiguo palacio almohade. Admira la maravillosa decoración de yeso y la cúpula. Irónicamente, fue aquí donde el rey Pedro I el Cruel asesinó a uno de sus rivales, su cuñado Don Fradique.

Cuarto del Almirante

A la derecha del Patio de la Caza. Fue el lugar de la fundación de la Cámara de Comercio por Isabel la Católica en

1503. La Sala de Audiencias alberga el encantador retablo de la **Virgen de los Mareantes**★ (*Nuestra Señora de los Navegantes*, 1531-1536), valiosa obra de Alejo Fernández.

Palacio del rey don Pedro★★★

La fachada principal recuerda a la del Patio del Cuarto Dorado de la Alhambra: bajo un gran alero de madera tallada sostenido por mocárabes dorados se alza un gran friso epigráfico y esbeltos arcos polilobulados. A ambos lados de la puerta de entrada, arcos lobulados con decoración de *sebka* se apoyan en columnas de mármol.

El palacio se estructura en torno a dos patios: el Patio de las Doncellas, que era el centro de la vida oficial, y el pequeño Patio de las Muñecas, reservado al ámbito privado.

Un vestíbulo conduce al amplio **Patio de las Doncellas**, impecablemente decorado por una galería de arcos polilobulados con estuco cincelado sostenidos por columnas gemelas de mármol. El primer piso, de estilo italiano, es un añadido de la época de Carlos V. Un canal corre a lo largo del patio, creando un elegante efecto de perspectiva.

Sobre el patio se abren magníficas habitaciones de estilo mudéjar: el **Salón del Techo de Carlos V** (1 en el mapa), antigua capilla del palacio, cuyo magnífico techo renacentista está decorado con casetones poligonales; el **Dormitorio de los Reyes Moros** (2 en el mapa), dos habitaciones decoradas con maravillosos estucos azules y con un artesonado policromado; el **Salón de Embajadores** (3 en el mapa), el más espectacular del Alcázar, coronado por una impresionante **cúpula**★★★ de cedro del siglo XV decorada con arabescos. La base de azulejos y la refinada decoración de las paredes dan el toque final a este conjunto excepcional. El salón comunica con el **Salón de Techo de Felipe II** (4 en el mapa), con un magnífico artesonado renacentista de cedro.

El Salón de los Embajadores conduce al pequeño **Patio de las Muñecas** (5 en el mapa), cuyos arcos entallados enmarcados por alfiz muestran la influencia granadina. La galería del primer piso, restaurada en el siglo XIX, conduce al apartamento del príncipe. *Dirígete hacia el Patio de la Caza y toma el pasillo de Carlos V en el lado este para llegar al Patio del Crucero.*

Palacio gótico o salones de Carlos V★★

Se accede al palacio por el pórtico barroco situado al final del **Patio del Crucero**. Construido por Alfonso X, el edificio sufrió importantes transformaciones en el siglo XVIII a raíz del terremoto de Lisboa, que también causó daños en Sevilla. De esta época data el Gran Salón, donde se conserva parte de la colección de **tapices**★★ realizados en la Real Manufactura de Madrid (siglo XVIII) que ilustran la conquista de Túnez en 1535. La **Sala de las Fiestas o de las Bóvedas** (siglo XIII), la parte más antigua del palacio, conserva su estructura original con

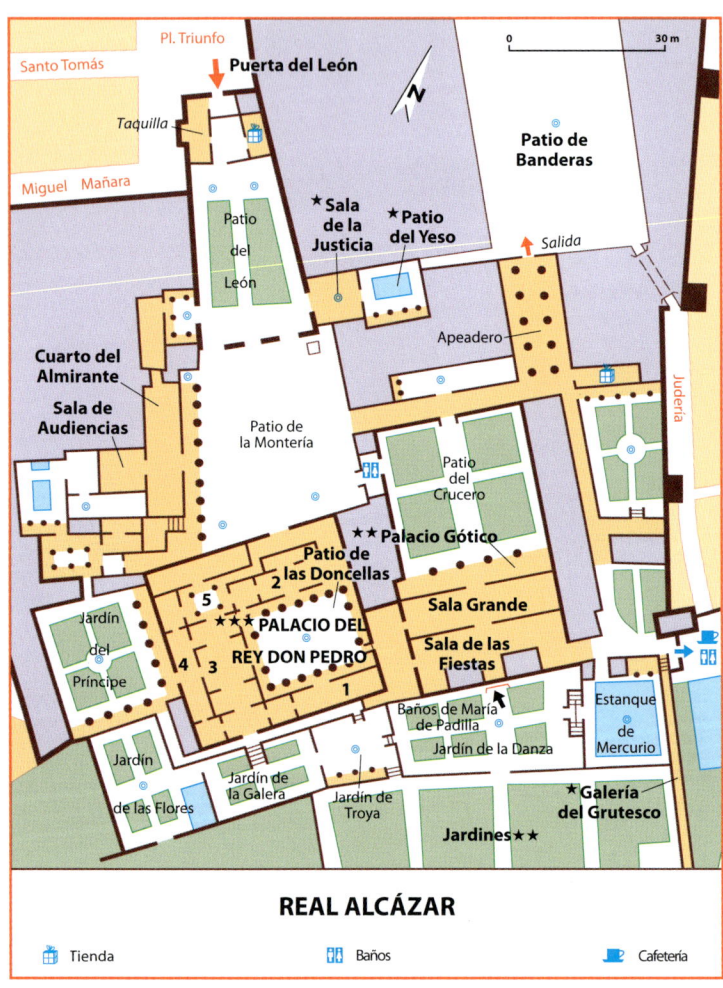

REAL ALCÁZAR

Tienda   Baños   Cafetería

bóvedas de crucería ojival. Fue aquí donde se firmó el contrato matrimonial entre Carlos V e Isabel de Portugal. Admira el encantador sótano de azulejos del siglo XVI y la segunda parte de la colección de tapices. Las grandes aberturas ofrecen vistas a los bellos jardines.

Cuarto Real Alto

✆ 954 560 040 - de 10:00 a 13:30 h (salidas cada 30 min) - cerrado los lu. - 5,50 €, visita con audioguía (25 min), máximo 15 personas por visita, reserva. Primera planta.

La residencia oficial de los reyes de España en Sevilla está decorada con muebles y relojes de pie del siglo XIX, tapices del XVIII, lámparas de araña francesas y techos sofisticados. Las estancias más espectaculares son la **Capilla de los Reyes Católicos** –un precioso oratorio con un pequeño altar de azulejos de Niculoso Pisano– y el **Salón de Audiencias**, de estilo mudéjar. La visita incluye también una **exposición de azulejos y terracotas de Triana** pertenecientes a la colección Carranza.

Jardines ★★

Auténtico edén, los jardines combinan estilos de varias épocas: árabe, renacentista y barroco...
Ocupan 4/5 de la superficie total del Alcázar y están dispuestos en terrazas en las que el agua ocupa un lugar imprescindible.
A la izquierda, dejando los salones de Carlos V, se llega al Estanque de Mercurio y a la **Galería de Grutesco**★ (del siglo XVII), que ocupa todo un tramo de una antigua muralla. Desde aquí se puede disfrutar de la vista más impresionante de los jardines.
A la derecha, un pasillo bajo los salones de Carlos V conduce a los **baños de María de Padilla**, una gran «cueva» dispuesta bajo las bóvedas que sostienen el Patio de la Cruzada. Más allá del **Pabellón de Carlos V** (siglo XVI, *ver plano del barrio pág. 26*), el laberinto, con sus arbustos bellamente tallados, y un moderno jardín inglés, invitan a pasear con el murmullo del agua como única compañía...
Al Patio de los Pabellones se accede desde la antigua entrada del palacio, un vestíbulo barroco con columnas gemelas llamado «apeadero» (era donde descansaban los caballeros).

Patio de Banderas

Se trata del antiguo patio de armas del primitivo Alcázar, utilizado antaño para celebraciones y ceremonias públicas, especialmente durante las visitas de gobernantes extranjeros y autoridades reales (de ahí su nombre). Es una plaza cerrada, adornada con naranjos y una fuente, y rodeada de edificios blancos y amarillos sobre los que destaca el perfil de la Giralda. En uno de los edificios del patio se han descubierto los restos del palacio del rey poeta Al-Mu'tamid (siglo XI).

Barrio de Santa Cruz★★★

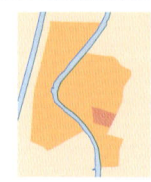

Rodeado al sur por los jardines del Alcázar, el Barrio de Santa Cruz se extiende al este del centro monumental hasta la Iglesia de Santa María la Blanca. Reurbanizado con motivo de la Exposición Iberoamericana de 1929, el barrio es la quintaesencia del estilo andaluz: calles estrechas y sinuosas, casas de colores, balcones rebosantes de flores y plazuelas que huelen a jazmín. Santa Cruz es un hito histórico de Sevilla. Incluye la antigua Judería, cuyas sinagogas se han transformado en iglesias a lo largo de los siglos, y numerosos palacios y casas señoriales. Por último, su trazado completamente medieval esconde innumerables rincones de irresistible encanto.

▶ **Cómo llegar:** metro Puerta de Jerez y tranvía MetroCentro paradas Puerta de Jerez o Archivo de Indias. Los autobuses C3, C4, 1, 5 y 21 paran en Puerta de la Carne.
Mapa extraíble F5. Plano del barrio pág. 26.
▶**Consejo:** prioriza las primeras horas de la mañana o de la tarde para visitar el barrio y no dudes en perderte por el laberinto de callejuelas. Calcula 2 h.
◉ *Nuestras direcciones págs. 66, 76, 81, 89 y 92.*

Desde el Patio de Banderas, toma la **calle Judería**, un pasaje cubierto adornado con una fuente, y gira a la izquierda para llegar a la **calle Vida**. Desde aquí se llega a la **calle Agua** que recorre parte de los baluartes del Alcázar y a la que desembocan varias calles pintorescas. La plaza de Alfaro, con vistas a los Jardines de Murillo, precede a uno de los principales enclaves del barrio, la **plaza de Santa Cruz★**. Rodeada de magníficas mansiones, esta plaza tiene en su centro una encantadora cruz de hierro del siglo XVII. Aquí descansa el pintor Murillo (1618-1682), una de las glorias de Sevilla.

Un poco más adelante, en la **plaza de los Refinadores**, se alza la estatua de don Juan Tenorio, una de las representaciones del famoso personaje creado en Sevilla (◉ *pág. 132*). Desde allí, una pequeña calle conduce a la **plaza de las Tres Cruces**, con tres cruces elevadas sobre columnas.

Iglesia de Santa María la Blanca ★

F5 *Calle Santa María la Blanca 5 - gratis.*
De la antigua sinagoga adaptada al culto católico en 1391 solo queda el portal gótico. El sobrio exterior de la **Iglesia de Santa María la Blanca**

DÓNDE COMER

Las Teresas 2
Cervecería Giralda 3
Bodeguita Casablanca 4
Modesto 6
Bodega Santa Cruz -
  Las Columnas 8
La Fresquita 27
Casa Robles 28
Freiduría Puerta
  de la Carne 66
Vinería San Telmo 67

DÓNDE BEBER

Calentería 1
Hotel Alfonso XIII 2
Alvaro Peregil - La Goleta . . 19

COMPRAS

Populart 1
Salomé Salazar 4
Arjé 12

FLAMENCO

Tablao Los Gallos 2
Casa de la Guitarra 7

DÓNDE DORMIR

Hotel Amadeus Sevilla 1
Pensión Córdoba 4
Pensión Doña Trinidad 9
Casas de la Judería 23
Pensión San Benito Abad . . . 26
TOC 29
Apartamentos Los
  Venerables 31

esconde una nave con **decoración★** exuberante, en la que destaca el retablo barroco adornado con columnas, volutas y ángeles. La iglesia alberga también una magnífica representación de la *Última Cena* de **Murillo**.

Hospital de los Venerables - Centro Velázquez ★

F5 *Plaza de los Venerables 8 - ✆ 697 898 659 - losvenerables.es - de lu. a sá. de 10:00 a 18:00 h (14:00 h en verano), do. de 10:00 a 14:00 h - 10 € (13-18 años 8 €) - gratis lu. por la tarde (Centro Velázquez cerrado).*
Obra maestra del barroco sevillano, el **Hospital de los Venerables**, construido en 1675, estaba destinado a albergar a sacerdotes «venerables». Hoy sede del **Centro Velázquez**, alberga tres lienzos del maestro, entre ellos la graciosa Santa Rufina, retrato naturalista de la patrona de la ciudad. Obras de Zurbarán y Murillo completan la colección. Un gran patio precede a la iglesia, que alberga frescos de **Juan de Valdés Leal** y de su **hijo Lucas**. En la sacristía, la última obra del padre Leal crea un sorprendente efecto de perspectiva.
La plaza de los Venerables está cerca de la **plaza de Doña Elvira★** protagonista de las aventuras de Don Juan. Esta encantadora plaza, rodeada de bonitas casas y bancos cubiertos de azulejos te ofrece la oportunidad de hacer una agradable pausa a la sombra de los naranjos. Toma la pequeña **calle Rodrigo Caro** que sube hacia la pintoresca y soleada **plaza de la Alianza**. Continúa por su derecha hasta la **calle Mateos Gago**, desde donde podrás disfrutar de una impresionante vista de la Giralda.

Casa de Salinas

F5 *Calle Mateos Gago 39 - ✆ 619 254 498 - www.casadesalinas.com - de lu. a vi. de 10:00 a 18:00 h (hasta las 14:00 de mediados de junio a mediados de octubre) - 8 € (menores de 11 años 4 €).*
Esta preciosa casa señorial del siglo XVI todavía está habitada; solo es posible visitar el magnífico patio con delicadas columnas y azulejos.

Casa de los Pinelo

F5 *Calle Abades 14 - ✆ 954 221 198 www.realacademiabellasartessevilla. com - ma. y ju. de 11:00 a 13:00 h - 7 €.*
Construido en el siglo XVI, este palacete es hoy sede de dos Academias (Bellas Artes y Bellas Letras). Es un magnífico ejemplo de casa-palacio sevillana, caracterizada por un patio con arcos finamente cincelados, una capilla y un jardín trasero. También destaca la galería que domina la fachada.

Casa Fabiola - Donación Mariano Bellver

F5 *Calle Fabiola 5- ✆ 955 470 295 - de ma. a do. de 11:00 a 19:00 h (hasta las 20:00 h en verano) - 3 €.*
Esta residencia del siglo XVI alberga las obras de arte legadas a la ciudad por Mariano Bellver. Hay una hermosa colección de cuadros que representan la Andalucía de los viajeros románticos, poblada de bandoleros y gitanos. En la planta superior, muebles, relojes y esculturas.

27

El Centro★★

Situado entre los barrios de Santa Cruz y Alameda de Hércules, es el corazón palpitante de la ciudad. Cuenta con varios edificios suntuosos, testimonio de la riqueza de la aristocracia sevillana a partir del siglo XVI. Iglesias, conventos y capillas rebosan de obras maestras del barroco sevillano. Un laberinto de callejuelas se ramifica entre estos edificios, conectando hermosas plazas, ideales para un descanso, y amplias calles peatonales, perfectas para todo tipo de compras.

▶ **Cómo llegar:** tranvía MetroCentro, parada plaza Nueva. Autobús C5 parada plaza Nueva, líneas 13, 14, 27 y 32 parada plaza del Duque (terminal). **Mapa extraíble D-F3-5. Plano del barrio págs. 30-31.**
▶**Consejo:** si te gusta ir de compras sin demasiado ajetreo, evita las calles peatonales después de las 16:00 h. Reserva un día para tu visita.
📍 *Nuestras direcciones págs. 68, 76, 82, 87, 89 y 93.*

Museo de Bellas Artes ★★★

D4 *Plaza del Museo 9 - 📞 954 786 498 - www.museosdeandalucia.es - ♿ - de septiembre a junio de ma. a sá. de 9:00 a 21:00 h, do. y festivos hasta las 15:00 h; de julio a agosto de 9:00 a 15:00 h. - cerrado los lu., 1 y 6 de enero, 1 de mayo, 24, 25 y 31 de diciembre - 1,50 € (gratis para ciudadanos de la UE).*

Desde 1841, el **Museo de Bellas Artes** de Sevilla expone sus colecciones en el antiguo **Convento de la Merced Calzada**. El edificio actual, reformado en el siglo XVII según un diseño del arquitecto Juan de Oviedo y de la Bandera, ofrece una panorámica de la pintura sevillana de los siglos XV al XX. La entrada del museo, coronada por un portal barroco, da a una encantadora plaza donde se alza la estatua de Murillo. Las primeras salas presentan esculturas y pinturas sobre madera de los siglos XV y XVI, entre ellas las **esculturas★** de **Pedro Millán** y pinturas de **Lucas Cranach** y del **Greco**.

Al final de una larga sala se encuentra **San Jerónimo Penitente★** de Pietro Torrigiano (1525), una valiosa escultura de terracota policromada que marcó la pauta para los escritores andaluces de las generaciones posteriores como ejemplo de perfecta anatomía humana.

Con su abundante vegetación, el gran claustro del **convento★** ofrece una deliciosa parada.

A continuación, se entra en la antigua iglesia del monasterio. En este espléndido marco aparecen las **obras maestras★★** del barroco sevillano del siglo XVII, como la monumental pintura de Zurbarán, *La Apoteosis de Santo Tomás de Aquino* y, en el crucero y el ábside, varias obras de **Murillo**. De la monumental *Inmaculada Concepción* a la tierna *Virgen con el Niño*, Murillo

29

Museo de Bellas Artes, *San Hugo en el refectorio* de Francisco de Zurbarán.

expresa una profunda humanidad. Una escalera monumental conduce a las habitaciones de la primera planta. Aquí encontrarás algunas **obras★** de **Juan de Valdés Leal** maestro sevillano del siglo XVII, que se distingue por sus contrastes de color y su trazo atormentado.

Las salas dedicadas a **Zurbarán**, pintor de la espiritualidad y la meditación, albergan algunas de las obras más bellas del museo. Saliendo del taller del maestro se admira una serie de santos suntuosamente vestidos, cada uno con el símbolo de su martirio. En una pequeña habitación con un magnífico artesonado, la **Virgen de la Misericordia★★** protege, bajo su manto desplegado, a unos monjes cartujos arrodillados con túnicas maravillosamente pintadas. En la misma sala, la **Visita de San Bruno al Papa Urbano II★★** destaca claramente el ascetismo del santo en contraste con la magnificencia trivial del obispo de Roma. Delante, un gran **Cristo crucificado★★★** parece esculpido en dramático claroscuro.

Las demás salas completan esta retrospectiva de la pintura sevillana, entre las que destacan *Santiago el Mayor* de **Ribera**, sobrio pero de gran expresividad, y la serie de lienzos que representan la Sevilla del siglo XVIII, en la coronación de Fernando VI. Finalmente, las salas dedicadas a los siglos XIX y XX acogen las pinturas de Gonzalo Bilbao (la famosa *Las Cigarreras*), Ignacio Zuloaga y Joaquín

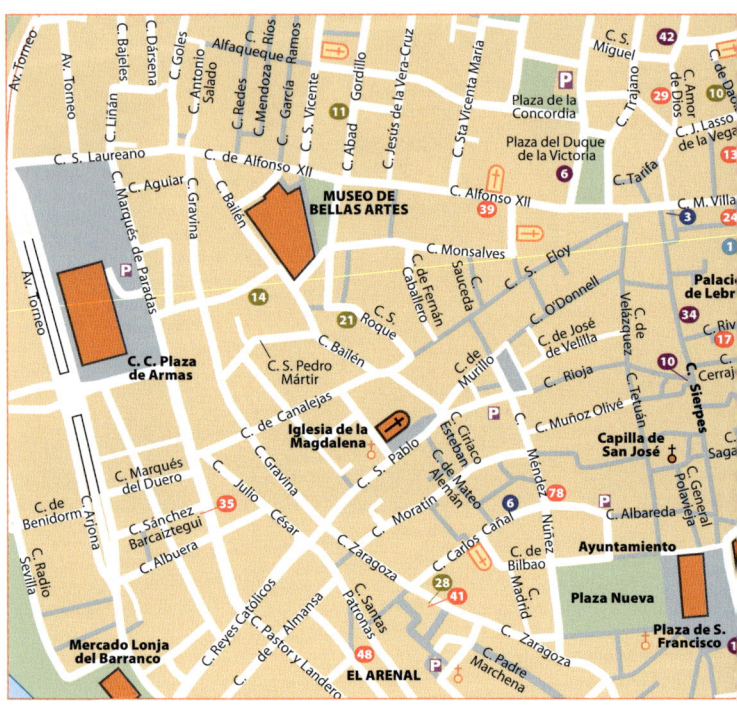

DÓNDE COMER

Tradevo 1
La Barra de Cañabota 13
Pan y Circo 17
La Bodega de la Alfalfa. 18
Taberna Coloniales 23
Restaurante Baco 24
Desacato 29
Las Piletas 35
Mesón Serranito 39
Taberna del Alabardero 41
El Rinconcillo 42
Bar Patronas 48

Perro Viejo 62
Bar Europa 70
Sal Gorda. 72
Zelai 78

DÓNDE BEBER

La Campana 3
Rayas 5
Ambrosius 6
Un Gato en Bicicleta 12
Vicentina Café 15
La Cacharrería 17

Bar El Comercio. 20
Picalagartos 23
La Antigua Bodeguita. 25

COMPRAS

El Corte Inglés 6
Abanicos de Sevilla 7
Convento de Santa Inés 9
Sombrerería Maquedano . . . 10
Inés Rosales 11
Antigua
   Cerería del Salvador 13

Map labels:

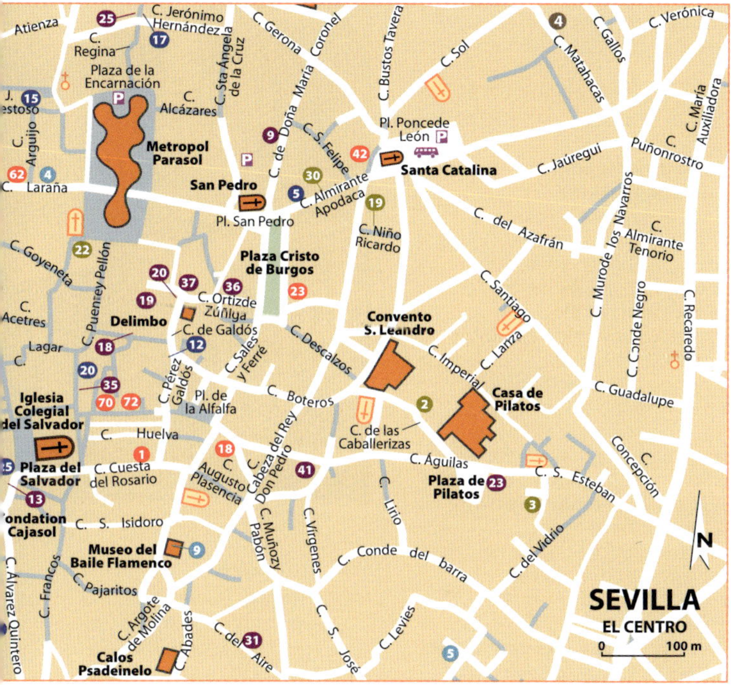

Atienza
25 C. Jerónimo Hernández
17
C. Regina
Plaza de la Encarnación
J. estoso 15
C. Alcázares
C. Arguijo
62 4
C. Laraña
C. Sta Ángela de la Cruz
C. Gerona
C. de Doña María Coronel
C. Bustos Tavera
C. Sol
4 C. Gallos
C. Verónica
C. Matalacas
C. María Auxiliadora
Metropol Parasol
9 C. S. Felipe
Pl. Poncede León
42
Santa Catalina
30 C. Almirante Apodaca
5
19
C. Jáuregui
Puñonrostro
San Pedro
Pl. San Pedro
C. Niño Ricardo
C. del Azafrán
C. Muro de los Navarros
C. Almirante Tenorio
C. Recaredo
C. Goyeneta
22
Plaza Cristo de Burgos
C. Puemey Pellón
20 37 36
19
Delimbo
C. Ortizde Zúñiga
23
C. de Galdós
Convento S. Leandro
C. Santiago
C. Acetres
12
C. Lanza
C. Conde Negro
C. Guadalupe
C. Lagar
18
C. Sales y Ferré
C. Descalzos
C. Imperial
Casa de Pilatos
20
35
70 72
C. Pérez Galdós
Pl. de la Alfalfa
C. Boteros
2
Iglesia Colegial del Salvador
1
Huelva
18
C. de las Caballerizas
Plaza del Salvador 5
C. Cuesta del Rosario
Augusto Plasencia
C. Cabeza del Rey Don Pedro
41
C. Águilas
Plaza de Pilatos 23
S. Esteban
Concepción
13
Fondation Cajasol
C. S. Isidoro
C. Muñoz y Pabón
C. Virgenes
3
C. Lirio
Museo del Baile Flamenco
9
C. Francos
Pajaritos
C. Álvarez Quintero
C. Argote de Molina
C. Abades
31
C. de Aire
Calos Psadeinelo
C. Conde del barra
C. Levies
C. José
5
C. del Vidrio

SEVILLA
EL CENTRO
0   100 m
N

31

Sorolla. La magnífica *Sevilla en fiestas*, de Gustavo Bacarisas, es un vibrante homenaje a la ciudad y sus tradiciones.

Iglesia de la Magdalena

D4 *Calle San Pablo 12 -* ✆ *954 229 603 - gratuita.*

La **Iglesia de la Magdalena** –obra de **Leonardo de Figueroa**, arquitecto del Hospital de los Venerables (☞ *pág. 27)*– fue construida a finales del siglo XVII sobre un edificio más antiguo. La estructura maciza y algo apagada está embellecida por los azulejos coloridos presentes en los campanarios y pináculos.

El interior de la iglesia es un verdadero museo de arte sacro. Las bóvedas, cúpulas y pilares del edificio están cubiertos de frescos, algunos de los cuales son obra de **Juan y Lucas de Valdés Leal**. El **Retablo Mayor**★ representa un bello ejemplo del barroco sevillano. La Capilla del Cristo del Calvario alberga una bella escultura de *Cristo* de Francisco Ocampo.

En el vestíbulo, la **Capilla de la Quinta Angustia**★ conserva un magnífico grupo escultórico atribuido al taller de Pedro Roldán, mientras que en las paredes se exponen diez retratos de santos realizados por Juan de Valdés Leal. Otra pieza destacable es el altorrelieve de la *Asunción* de Juan de Mesa, visible en el lado derecho.

La Capilla del Santísimo Sacramento está adornada con dos pinturas de **Francisco de Zurbarán**.

Toma la calle San Pablo, luego gira por la segunda calle a la derecha, calle Méndez Núñez, hasta llegar a plaza Nueva.

Plaza de San Francisco.

Plaza Nueva

E4-5 Esta gran plaza rectangular ocupa la zona del antiguo Convento de San Francisco. En el centro se alza la estatua de **Fernando III**, que conquistó la ciudad a los musulmanes. Sus esbeltas palmeras, bancos y farolas contribuyen a hacer de ella un lugar muy agradable. Un mercado de artesanía en diciembre y la Feria del Libro en octubre animan la plaza, centro neurálgico de la vida social sevillana.

Ayuntamiento ★

E4-5 *Plaza Nueva 1.*

La fachada oeste del **ayuntamiento** se levanta sobre la plaza Nueva: neoclásica y construida en el siglo XIX, se caracteriza por una notable sobriedad. Por el contrario, la **fachada este**★★ (siglo XVI) de Diego de Riaño, que da a la **plaza de San Francisco**★ *(ver más abajo)*, refleja el más puro estilo plateresco: se caracteriza por una exuberante decoración vegetal, salpicada de figuras herálidicas y representaciones de personajes míticos e históricos.

Plaza de San Francisco ★

E4-5 Centro de la vida pública durante el renacimiento, la plaza sigue siendo hoy uno de los principales lugares de Sevilla, por donde pasan las procesiones de Semana Santa y se organizan numerosos espectáculos, especialmente en Navidad.
Frente al ayuntamiento, la sede de la **Cajasol** *(todos los días de 11:00 a 14:00 y de 18:00 a 21:00 h, durante las exposiciones entrada por la calle Álvarez Quintero)* ocupa el encantador palacio que fue sede del Tribunal de la Audiencia. La fachada de estilo renacentista (finales del siglo XVI) se atribuye a Alonso de Vandelvira. El palacio cuenta también con un elegante patio.

Calle Sierpes

E4 Larga calle peatonal, la calle Sierpes es sin duda la arteria más famosa y concurrida de Sevilla. Por la tarde, el bullicio alcanza su punto álgido: a los sevillanos les gusta pasear por ella para mirar escaparates o tomar un tentempié en alguna de las pastelerías presentes. Al final de la calle se encuentra **La Campana**, una famosa confitería fundada en 1885 que

también ofrece servicio de cafetería en su terraza.
🕜 *Nuestras direcciones pág. 76.*

Capilla de San José ★

E4 *Calle Jovellanos 10 - ✆ 954 223 242 - en restauración, la capilla solo está abierta durante los oficios.*
La **Capilla de San José** es una auténtica obra maestra del barroco sevillano de finales del siglo XVII. Nada más girar por la estrecha calle Jovellanos, al comienzo de la calle Sierpes, vislumbrarás su fachada del siglo XVIII y su campanario anaranjado decorado con azulejos en tonos azules sobre una base de ladrillo beis.
En el **interior**, la pequeña capilla sorprende por su exuberante ornamentación barroca que culmina en el ábside. El gran **retablo**★★ (parcialmente cubierto por andamios durante las obras de restauración), con sus ángeles, santos y Dios Padre, está decorado con profusión; en el centro destaca la figura de san José. Tal riqueza ornamental parece irradiar alrededor del retablo, en las pinturas murales más oscuras resaltadas por el color dorado y en el juego de luces, hasta el punto de que al entrar en la capilla uno tiene la impresión de entrar en una especie de cueva caracterizada por un resplandor de decoración barroca.

Palacio de Lebrija ★

E4 *Calle Cuna 8 - ✆ 954 227 802 - www.palaciodelebrija.com - de 10:00 a 14:15 y de 15:15 a 18:00 h - cerrado 1 de enero y 25 de diciembre - 12 € (menores de 12 años 6 €).*

Este palacio es un ejemplo típico de las residencias aristocráticas sevillanas del siglo XVI. Fue restaurado a principios del siglo XX por la condesa de Lebrija, que creó aquí un auténtico museo para exponer su colección arqueológica, compuesta en particular por magníficos **mosaicos**★ romanos procedentes de **Itálica**★ (*☾ pág. 62*). La planta baja se organiza en torno a un gran patio renacentista caracterizado por elegantes arcos dentados y un suelo cubierto de un encantador mosaico. Otros mosaicos y suelos de mármol policromado con formas geométricas decoran los salones y pasillos, donde se exponen piezas de las épocas romana, árabe y azteca. El maravilloso comedor se abre con una galería al jardín interior de lo que fue la parte de verano del palacio. Una magnífica **escalera**★, cubierta de azulejos antiguos y rematada por un techo de artesonado, conduce a las salas de la primera planta *(solo visitas guiadas)*: el salón morisco, el salón barroco y el Salón del Cantón, adornado con cuadros de Van Dyck y Sorolla. En el comedor se puede admirar una espléndida colección de porcelana y en la biblioteca, muebles de caoba de Cuba.

Plaza del Salvador

E4 Dominada por la fachada barroca de la **Iglesia del Salvador**, esta plaza es uno de los centros neurálgicos de la vida social sevillana. Todos los días a la hora del aperitivo, y sobre todo los fines de semana, la gente se reúne con sus amigos para tomar una cerveza y unas tapas en los pequeños bares que hay bajo los soportales. La plaza

adquiere entonces el aspecto de una inmensa terraza, «custodiada» por la estatua de Juan Martínez Montañés. Un ritual muy querido por los sevillanos.

Iglesia Colegial del Salvador ★

E4 *Plaza del Salvador - ☎ 954 211 679 - todos los días excepto do. de 10:15 a 18:00 h - 11/12 € (niños menores de 14 años gratis) - gratis con entrada a la catedral con fecha del mismo día.*
Importante obra del barroco español, la antigua **Colegiata del Salvador** es una de las iglesias emblemáticas de Sevilla, la mayor después de la catedral. Se alza majestuosa en uno de los laterales de la plaza, en el solar de la antigua Mezquita Mayor. Debido al mal estado de las estructuras arquitectónicas, el antiguo edificio fue parcialmente demolido en 1661 y reconstruido a partir de 1674. La iglesia se terminó en 1712, gracias a la intervención de varios artistas. La fachada combina armoniosamente ladrillo rosa y piedra. El interior, llamativo por su monumentalidad, alberga los **retablos barrocos**★★ del siglo XVIII más bellos de la ciudad, con el majestuoso altar mayor de 20 m de altura. A la izquierda, la **Capilla de Jesús de la Pasión** alberga, sobre una base de plata cincelada, una conmovedora escultura de Juan Martínez Montañés.
Justo detrás, la **plaza de Jesús de la Pasión**, con sus pequeñas tiendas adosadas al muro de la iglesia, desprende un aroma de antaño. Toma la **calle Alcaicería**, con su típico ambiente de zoco, hasta la animada **plaza de la Alfalfa**.

Delimbo

F4 *Calle Pérez Galdós 1 - ✆ 954 112 649 - www.delimbo.com - de mi. a sá. de 11:00 a 14:00 h - agosto cerrado - gratis.*
Especializada en arte urbano y contemporáneo, es una de las galerías de arte más interesantes y vanguardistas de España. En un bello e inmaculado espacio blanco, las exposiciones temporales dan a conocer la obra de artistas de renombre internacional. Promover el coleccionismo de arte callejero es una de las misiones de la galería, que también funciona como residencia de artistas, permitiendo la creación de piezas e instalaciones únicas; en algunos casos se trata de obras directamente relacionadas con la ciudad de Sevilla.

Museo del Baile Flamenco ★

F4 *Calle Manuel Rojas Marcos 3 - ✆ 954 340 311 - museodelbaileflamenco. com –de 10:00 a 18:00 h - 10 € (niños 6 €)– espectáculo (1 h) a las 17:00, 19:00, 20:45 y algunas noches a las 22:15 h –25 € (niños 12 €) - entrada combinada museo y espectáculo: 29 € (niños 16 €) - se recomienda reservar.*
En pleno centro de Sevilla, el **Museo del Baile Flamenco** fue creado por la famosa bailaora y coreógrafa Cristina Hoyos. Se trata de un hermoso edificio del siglo XVIII cuya estructura ha sido modificada para albergar un espacio contemporáneo en torno a un encantador patio.
El museo no posee una verdadera colección: la visita se basa en el descubrimiento interactivo de archivos sonoros, fotográficos y cinematográficos. Las descripciones te introducirán en el apasionante y poco conocido universo del flamenco a través de sus estilos, escuelas y grandes maestros. Se trata de una excelente introducción a los espectáculos (cante, guitarra y baile) que tienen lugar cada noche en el patio. El centro cultural también alberga una escuela de baile y una librería.
Sube por la calle Águilas hasta la preciosa plaza de Pilatos.

Casa de Pilatos ★★

F-G4 *Plaza de Pilatos 1 - ✆ 954 225 298 - www.fundacionmedinaceli.org/ monumentos/pilatos - de abril a octubre de 9:00 a 19:00 h; de noviembre a marzo hasta las 18:00 h - planta principal 10 €, casa entera 12 € (gratuito lu. de 15:00 a 18:00 h para ciudadanos de la UE).*

Construida en la plaza que lleva su nombre y reformada para resaltar su fachada, la **Casa de Pilatos** es una de las maravillas arquitectónicas de Sevilla. Construido a lo largo de algunas décadas entre los siglos XV y XVI, el palacio, dominado por el estilo mudéjar combinado con diversos elementos góticos y renacentistas flamígeros, es testigo de la Edad de Oro de Sevilla, ciudad cosmopolita con el monopolio del comercio con el Nuevo Mundo. Fueron la inmensa fortuna y el gusto por el lujo de **don Fadrique**, primer marqués de Tarifa, y sus sucesores, los que permitieron aquí esta hábil mezcla artística y la reunión de inmensas colecciones de esculturas, muebles y pinturas procedentes de toda Europa. El nombre del palacio hace referencia a Poncio Pilato, prefecto romano de

Judea, cuya casa en Jerusalén es tradicionalmente la primera parada del Vía Crucis.

Se accede a través de un portal de mármol de Génova y, tras el primer patio, una **puerta**★ de hierro forjado decorada con estuco y **azulejos**★★ conduce a un gran **patio**★★, en el corazón del palacio. Con sus arcadas de **estuco**★★ finamente cincelado y su **decoración**★★★ de azulejos con sutiles reflejos metálicos, la estructura evoca un elegante palacio árabe.

La rica **estatuaria**★, de origen o inspiración antiguos, que decora el patio y toda la planta baja ilustra bien la influencia del Renacimiento italiano. Esto incluye la gran estatua de Atenea y la serie de bustos de reyes, patricios y emperadores, desde Rómulo hasta Carlos V, que adornan la galería. Admira también los bustos griegos y romanos de las columnas del pequeño jardín y, en el interior de la capilla, el *Buen Pastor*, una obra cristiana del siglo IV. Los dos jardines son auténticos oasis de paz y frescor. Relájate en el **Gran Jardín**★★ impregnado del aroma de naranjos, buganvillas y rosales, donde las galerías italianas albergan estatuas renacentistas.

En una esquina del gran patio, una escalera de mármol cubierta de azulejos está coronada por un **techo**★★ abovedado, similar al del Salón de Embajadores del Alcázar. Las habitaciones del primer piso, que se pueden visitar en 30 min, contienen frescos antiguos, un encantador tapiz de Amberes y muebles de estilo mudéjar con incrustaciones. Destacan sobre todo los magníficos techos, como el del **Salón del Torreón**★★, obra maestra del mudéjar, y el del **Salón del Techo de Hércules**★, pintado por **Francisco Pacheco**, ensayista y maestro del joven Velázquez.

Desde aquí, algunas calles estrechas te llevarán a la tranquila y sombreada **plaza Cristo de Burgos**, y luego a la plaza de la Encarnación, en cuyo centro se encuentra un nuevo monumento futurista.

Metropol Parasol ★★

E3-4 *Plaza de la Encarnación - www.setasdesevilla.com.* ✆ pág. 129.

En la rectangular plaza de la Encarnación se alza desde 2011 un extraordinario edificio, obra del arquitecto **Jürgen Mayer-Hermann**. Además de su estilo en marcado contraste con la arquitectura tradicional sevillana, en el momento de su construcción la estructura fue cuestionada por su impacto en la armonía del paisaje urbano. ¡Hoy los sevillanos lo consideran uno de los símbolos de la ciudad! Construido íntegramente en madera, muy «orgánico» y de aspecto sinuoso, el edificio mide 150×70 m y 26 m de altura, lo que lo convierte en la estructura de madera más grande del mundo. Está formado por cinco enormes sombrillas (según el arquitecto) conectadas entre sí, aunque los sevillanos las ven más como setas: ¡de hecho la rebautizaron como «Las setas de las Encarnación»! Por la noche, la sugerente iluminación hace que el edificio parezca aún más majestuoso.

En el tejado de la estructura un **paseo panorámico**★ *(de abril a octubre de 9:30 a 0:30 h; de noviembre a marzo de*

9:30 a 24:00 h - 5/10 €) ofrece una encantadora vista de la ciudad.
En la planta baja, el complejo alberga un mercado público *(de lu. a sá. de 8:00 a 15:00 h)*, bares y restaurantes y, en el sótano, una cripta arqueológica, el **Antiquarium** *(de ma. a sá. de 10:00 a 20:00 h, do. hasta las 14:00 h - 2 € –los menores de 16 años entran gratis)*, que permite revivir la historia de Sevilla recorriendo pasarelas que contemplan restos de diversas épocas: un trozo de calzada romana, una casa almohade, etc.

Palacio de las Dueñas ★★

F3 *Calle Dueñas 5 - ☏ 954 214 828 - www.lasduenas.es - diario de 10:00 a 18:00 h (hasta las 20:00 h de abril a septiembre) - 12 €.*

Residencia de los duques de Alba, es un ejemplo típico de «casa-palacio» sevillana. Cayetana, la célebre duquesa de Alba (1953-2014), pasó aquí largas temporadas de su vida. Construido entre los siglos XV y XVI, el Palacio de las Dueñas se caracteriza por una mezcla de estilos arquitectónicos de diferentes épocas: mudéjar, renacentista y gótico.
Tras cruzar el jardín de entrada, la visita comienza desde las **caballerizas** (para admirar los elementos decorativos con la silla de montar de la emperatriz Eugenia de Montijo, hermana de la duquesa de Alba) y continúa con el encantador **Jardín de los limoneros,** inmortalizado en los versos del poeta Antonio Machado (que nació en un anexo del palacio): «Mi infancia está marcada por recuerdos de un patio en Sevilla y un jardín luminoso donde crecían limoneros...».

A continuación se accede al **patio principal**, joya del palacio que destaca por sus columnas de mármol, arcos finamente cincelados, decoraciones de estuco y paredes pintadas en un tono ocre típico de Sevilla. Después, se puede admirar la **monumental escalera** que da acceso a la primera planta (cerrada al público), cubierta con un zócalo de azulejos con reflejos metálicos y revestida con un impresionante artesonado mudéjar.
El patio principal también se abre a la **Sala de la Gitana** (salón de recepciones), que debe su nombre a la escultura de Mariano Benlliure; también destacan la *Epifanía* de Luca Giordano y las alfombras del siglo XVII.
En la **antecapilla** (la sala frente a la capilla), no te pierdas el encantador artesonado y, en la pared de la derecha, una *Deposición* de Annibale Carracci y la **Coronación de Espinas** de José de Ribera, una de las joyas del palacio. La pequeña capilla, de estilo plateresco, tiene una base de azulejos del siglo XVI. A un lado de la capilla hay un pequeño salón de baile donde Cayetana tomó cursos de flamenco y, al otro, una sala decorada con antiguas representaciones de la Feria de Sevilla.
El **Patio del Aceite** (nótese, en una pared, las cuatro letras del apellido: «ALBA») y el **Jardín de Santa Justa** completan la visita de esta residencia, donde naturaleza, arte y arquitectura se entrelazan en una armonía típica andaluza.

El Arenal★

Delimitado por el río, el centro y el barrio de Santa Cruz, el Arenal se extiende desde el Puente de San Telmo hasta el de Isabel II. El barrio, que en el Siglo de Oro (siglo XVII) albergó el puerto de Indias, conserva en sus calles un ambiente tranquilo y popular. Hoy alberga dos de los lugares emblemáticos de Sevilla: la Maestranza, con sus relucientes arenas blancas y amarillas, y la Torre del Oro, construida por los árabes al borde del Guadalquivir, por cuyas orillas se pueden dar agradables paseos.

▶ **Cómo llegar:** MetroCentro parada Puerta de Jerez. Autobuses 3, 21, 40, 41, C5 y parada del aeropuerto paseo Colón.

Mapa extraíble DE5. Plano del barrio pág. 41.

▶**Consejo:** a última hora de la tarde pasea a orillas del Guadalquivir, bajo el paseo de Cristóbal Colón. También puedes prolongar el paseo hasta el extremo norte de la ciudad. Calcula 2 h (más si continúas el paseo hacia el norte).

☾ *Nuestras direcciones págs. 70, 78, 85, 88, 90 y 94.*

Torre del Oro, a orillas del Guadalquivir.

Paseo de Cristóbal Colón

D5-6 Este paseo discurre junto al río entre los puentes de San Telmo e Isabel II. Puedes quedarte en la acera (un poco ruidosa debido a los coches) y admirar los elegantes edificios de la calle o tomar el paseo fluvial que bordea el Guadalquivir y disfrutar de la encantadora vista de Triana.

Torre del Oro ★

D6 *Paseo de Cristóbal Colón - ☎ 954 222 419 - de lu. a vi. de 9:30 a 18:30 h, fin de semana desde las 10:30 h - gratuito (se admiten donativos).* Dominando el Guadalquivir, esta encantadora torre almohade del siglo XIII está coronada por hornacinas y rematada por una torrecilla añadida en el siglo XVIII. Parte del sistema defensivo de la ciudad estaba situado en el extremo de la muralla que recorría el río en aquella época y permitía, gracias a otra torre en la orilla opuesta, cerrar el acceso con cadenas. Más tarde se convirtió en un depósito de oro. El nombre se debe probablemente a la mezcla de paja prensada con la que se construyó, y no, como se pensó durante mucho tiempo, a los reflejos dorados de los azulejos que cubrían la fachada.

Primero iglesia y más tarde sede del almirantazgo, hoy alberga el **Museo Marítimo**, que expone maquetas, pinturas y grabados dedicados al mundo del mar. No te pierdas la representación de una proa en el primer piso.

En el paseo fluvial, donde te ofrecerán cruceros por el Guadalquivir, se encuentra también el punto de partida de los autobuses turísticos.

Iglesia-Hospital de la Caridad ★

E5 *Calle Temprado 3 - ☎ 954 223 232 - www.santa-caridad.es - de lu. a sá. de 10:30 a 19:00 h, do. de 10:30 a 12:30 y de 14:30 a 19:00 h (cerrado algunos sá. durante las bodas) - 8 € (audioguía 1 €).* A mediados del siglo XVII, un complejo formado por grandes edificios y una iglesia ocupó el lugar de la **Hermandad de la Caridad**, fundada a mediados del siglo XV.

La construcción fue posible gracias a los donativos y la voluntad de un acaudalado caballero, don Miguel de Mañara (probablemente el personaje que inspiró a Tirso de Molina para su **Don Juan**), quien, para expiar sus innumerables pecados, encargó un hospicio que proporcionara alimento y cobijo a los más desfavorecidos. Más tarde, el hospicio se amplió con una zona dedicada a los enfermos terminales.

Un doble patio decorado con azulejos precede a la iglesia barroca, en cuya entrada unos paneles recuerdan el robo de cuatro cuadros de **Murillo** por parte de los soldados de Napoleón y su líder, el mariscal Soult.

También en la entrada, los extraños y macabros **lienzos★★** de **Juan de Valdés Leal** presentan una insólita visión de la Muerte, vista como la gran igualadora capaz de reducir el esplendor de un alfil y un caballo a asquerosos cadáveres putrefactos *(Finis Gloriae Mundi)* y muestra la

40

EL ARENAL

0   50 m

Ayuntamiento

Plaza Nueva

EL ARENAL

La Real Maestranza

Capilla de los Marineros

Canal de Alfonso XIII

Paseo Alcalde Marqués de Contadero

Paseo de Cristóbal Colón

Iglesia-Hospital de la Caridad

C. Zaragoza
C. Carlos Cañal
C. de Bilbao
C. Cristóbal Morales
C. Madrid
C. Sanas Adolfo Cuéllar
C. Reyes Católicos
Almansa
C. Doña Guiomar
C. Padre Marchena
C. Zaragoza
C. de Barcelona
C. Joaquín Guichot
C. Duende
C. Fernández y González
C. Pastor y Landero
C. Galera
Patronas
C. del Arenal y Landero
C. Genil
C. de Castelar
Gamazo
C. Harinas
Jimios
C. Valdés Leal
C. Adriano
C. Gracia Fernández Palacios
C. García de Vinuesa
C. Federico Sánchez Bedoya
Plaza del Cabildo
C. de Arfe
C. de S. Diego
Plaza de la Almirantazgo
C. Antonia Díaz
C. del Circo
C. Real de la Carretería
C. Aurora
C. Pavía
C. Dos de Mayo
C. de Tomás del barra
C. Velarde
C. General Castaños
C. Rodo
C. Dos de Mayo
C. Templado
C. Pureza
C. Torrijos
C. Betis

41

DÓNDE COMER

Taberna del Alabardero 41
Bodeguita Romero 44
Bar Patronas 48
Petit Comité 49
Casa Morales 75

DÓNDE BEBER

Bar Taquilla 7

Bar Bodega José 1893 9

COMPRAS

Poster Félix 2
Padilla Crespo 3
Ultramarinos Casa Moreno .. 15
El Postigo 33
Oleoteca 38

SALIR DE NOCHE

Le XIX 6

DÓNDE DORMIR

Hotel Simón 27
Hotel Taberna del
  Alabardero 28
Las Casas del Arenal 32

vanidad de las glorias terrenales *(In Ictu Oculi)*.

Caracterizada por una sola nave, el interior de la iglesia llama la atención por el extraordinario conjunto que forma el altar. La estatuaria de su retablo es obra del maestro sevillano **Pedro Roldán**. Las tres virtudes teologales, Fe, Caridad y Esperanza, se ciernen benévolas sobre una llamativa **Deposición**★★★, en la que los rostros expresan un dolor contenido. A cada lado del retablo, graciosos ángeles parecen danzar sosteniendo luces. A lo largo de las paredes de la nave, una serie de **cuadros**★ de **Murillo** ilustran escenas de la Biblia y de la vida de los santos sobre el tema de la compasión. Volviendo hacia el río, admira, entre otros edificios, la **Torre de la Plata**, lo que queda de una fortificación almohade.

Real Maestranza ★

D5 *Paseo de Colón 12 - ☏ 954 210 315 - www.realmaestranza.com - visita con audioguía (45 min cada 20 min) - de abril a octubre de 9:30 a 21:30 h; de noviembre a marzo hasta las 19:30 h - días de toros de 9:30 a 15:00 h - cerrado Viernes Santo y 25 de diciembre - 10 € (niños 6 €).*

Esta famosa plaza de toros es una de las más antiguas de España. Se construyó a partir de 1761 en el lugar donde los hijos de la aristocracia se educaban en el arte ecuestre. Fue aquí y en Ronda donde se establecieron las reglas del toreo a pie. De forma ovoide, esta plaza de toros adquirió su aspecto actual a finales del siglo XIX y hoy puede acoger a unos 13 000 espectadores. La visita comienza en el pequeño

Museo Taurino★, que posee una buena colección de pinturas, trajes de luces, grabados y carteles, así como un dibujo de Jean Cocteau. A continuación, nos dirigimos a la pequeña capilla donde se reunían los toreros antes de la **corrida** y a los establos donde los preparaban los picadores *(no abierta los días de corrida)*. Finalmente, se entra en la plaza de toros propiamente dicha. La Maestranza fascina por el contraste entre el blanco de las galerías y el amarillo de la arena. Rodeado de esbeltas columnas, el Palco del Príncipe (1765), de estilo barroco, está reservado a la familia real.

☏ *Ver «La corrida de toros» pág. 114.*

A orillas del río

El paseo de Colón finaliza en el Puente de Isabel II, conocido como **Puente de Triana**. Construido en el siglo XIX, siguiendo el modelo del Pont du Carroussel de París, ofrece una magnífica perspectiva de ambas orillas del Guadalquivir, con la catedral y la Giralda al fondo. A la izquierda se encuentra el **Monumento a la Tolerancia**, una monumental escultura abstracta del artista vasco Eduardo Chillida. A la derecha del puente, el **Mercado Lonja del Barranco** es un edificio de hierro forjado del siglo XIX transformado en mercado de alimentos. Un poco más lejos, en la plaza de Armas, la antigua **Estación de Córdoba** es un magnífico ejemplo de arquitectura industrial de principios del siglo XX: ladrillos y azulejos de estilo neomudéjar se mezclan armoniosamente con las estructuras metálicas del edificio, que alberga hoy un centro comercial de dos pisos.

Barrio de Triana★

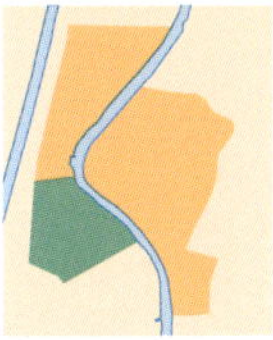

Aunque no posee iglesias importantes ni palacios señoriales, este antiguo barrio marinero siempre ha mostrado con orgullo su singularidad al otro lado del Guadalquivir. Antaño lugar predilecto de los gitanos sevillanos, entre sus calles nació el flamenco. Aquí aún se encuentran los talleres de alfareros y ceramistas, hoy concentrados en torno a la calle Alfarería, que en el siglo XV exportaban sus productos a todas las colonias americanas. Poco a poco, el barrio se ha convertido en un lugar especialmente turístico donde es agradable darse un capricho de tapeo.

▶ **Cómo llegar:** plaza de Cuba, autobuses C3 y 40 parada Pagés del Corro, 43 parada Altozano.
Mapa extraíble C5-6. Plano del barrio pág. 45.
▶ **Consejo:** además de la ruta que te sugerimos, pasea por las pintorescas calles del noroeste del barrio: calle San Jacinto, calle Alfarería, calle Castilla, etc.
☾ *Nuestras direcciones págs. 72, 79, 86, 88, 90 y 94.*

43

Detalle de una fachada en la plaza del Altozano.

L. vallecillos/age fotostock

Al final del Puente de Isabel II se encuentra la encantadora **Capilla del Carmen**, construida a principios del siglo XX por el mismo arquitecto que la plaza de España, Aníbal González. Lugar emblemático de la ciudad, el edificio de ladrillo visto y cerámica trianera consta de dos cuerpos, la capilla propiamente dicha y un campanario octogonal, que recuerda la forma de un«mechero», de ahí que se le conozca con este nombre.

A la izquierda, en la **plaza del Altozano**, se alza una estatua en honor a una figura de la historia del toreo **Juan Belmonte** (1882-1962), hijo ilustre de Triana. En la estatua hay un agujero, ¡desde el que se puede ver la Giralda!

Castillo de San Jorge

C5 *Plaza del Altozano - ☎ 954 332 240 - de lu. a vi. de 9:00 a 13:30 y de 15:30 a 20:00 h, fines de semana y festivos de 10:00 a 14:00 h - gratuito.*

Bajo el mercado de Triana, este centro temático contiene las ruinas del **Castillo de San Jorge**, sede de la Santa Inquisición de 1481 a 1785. Antes de entrar en el recinto arqueológico, comienza su visita con una presentación sobre la Inquisición: diversos vídeos y documentos de archivo ofrecen una reflexión sobre la tolerancia, la justicia y los derechos humanos. Descendiendo al nivel inferior, descubrirás los vestigios de las murallas del castillo del siglo XV y los suelos originales en una superficie de 1400 m². Una animación virtual te proporcionará información sobre la vida en la época. Tras la visita, recorre el mercado de Triana y sumérgete en su colorido ambiente.

Centro Cerámica Triana

C5 *Calle Callao, 16 - ☎ 955 474 293 - todos los días de 10:00 a 19:30 h- cerrado 1 y 6 de enero, Jueves y Viernes Santo y 25 de diciembre - 2,10 € (menores de 16 años gratis).*

Ubicado en la antigua fábrica de Santa Ana, este pequeño museo te introducirá en la historia de la cerámica sevillana desde el siglo XII hasta el XXI. Desde el siglo XIX, Triana fue escenario de diversas actividades en el sector: en la década de 1920 había veinte fábricas en funcionamiento, la última de las cuales se cerró en 2012. Tendrás la oportunidad de conocer el proceso y las distintas técnicas de producción y descubrir hornos, molinos y vasijas, todo ello ilustrado con varios paneles explicativos, vídeos y fotos.

La primera planta alberga la colección permanente (desde la Edad Media hasta el siglo XX), exposiciones temporales y una presentación del pintoresco barrio de Triana.

Calle Betis

CD5-6 Desde la plaza del Altozano se accede a la calle Betis, una de las calles emblemáticas de Sevilla. Recorre con total tranquilidad esta calle que discurre junto al río, desde la que podrás disfrutar de una encantadora panorámica de la orilla opuesta. Tradicionalmente habitada por marineros, la calle Betis destaca por su ambiente encantador y refinado gracias a sus casitas, bares y restaurantes. Por la noche, un paseo a la luz de la luna es imprescindible, con las luces del Puente de Triana al fondo reflejándose en las aguas del Guadalquivir...

TRIANA

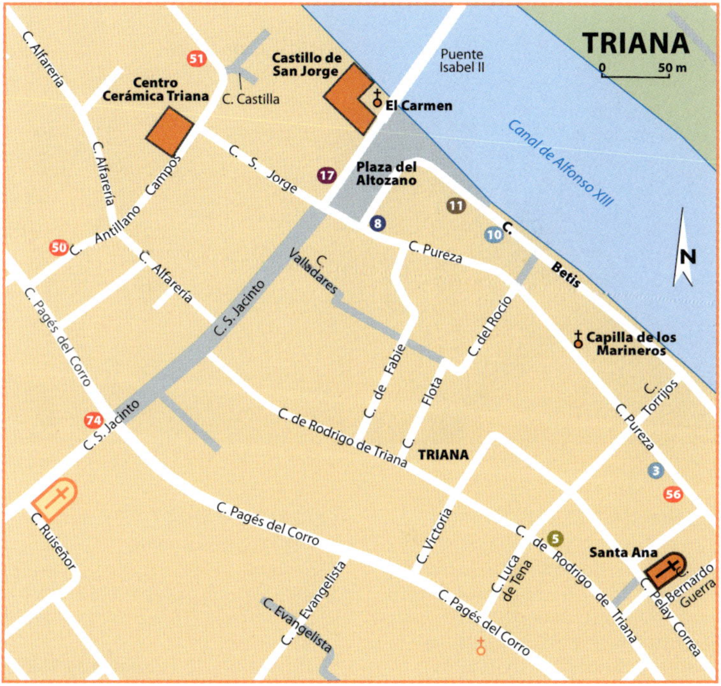

C. Alfarería
C. Alfarería
C. Alfarería
C. Antillano
C. Alfarería
C. Pagés del Corro
C. S. Jacinto

Centro
Cerámica Triana

51

Castillo de
San Jorge
C. Castilla

El Carmen

Puente
Isabel II

Canal de Alfonso XIII

0   50 m

C. S. Jorge
Campos
C. S. Jacinto
C. Valladares

17

Plaza del
Altozano

11

8

10

C. Pureza

Betis

50

C. de Fabie
C. Flota
C. del Rocío

C. de Rodrigo de Triana

TRIANA

**Capilla de los
Marineros**

C. Torrijos
C. Pureza

3

56

74

C. Ruiseñor

C. Pagés del Corro
C. Victoria
C. Luca de Tena
C. de Rodrigo de Triana

C. Evangelista
C. Evangelista
C. Pagés del Corro

5

Santa Ana

C. Bernardo Guerra
C. Pelay Correa

N

DÓNDE COMER
Las Golondrinas **50**
Casa Cuesta **51**
Bar Santa Ana **56**
Blanca Paloma. **74**

DONDE BEBER
Manu Jara **8**

COMPRAS
Marché de Triana **17**

SALIR DE NOCHE
La Prensa de Triana **11**

FLAMENCO
Teatro Flamenco Triana **3**
Lo Nuestro **10**

DÓNDE DORMIR
Albergue Triana **5**

Iglesia de Santa Ana.

Capilla de los Marineros

C5 *Calle Pureza 53 - ☎ 955 332 645 - de 10:00 a 13:30 y de 18:00 a 21:00 h.*
Paralela a la calle Betis, la **calle Pureza**, una de las más emblemáticas de Triana, conduce a la **Capilla de los Marineros**, dedicada a marineros y pescadores y que custodia a la *Virgen de la Esperanza*, una representación de la Virgen tan querida como la de la Macarena (◉ *pág. 55).* Su procesión durante la Madrugá es uno de los momentos centrales de la **Semana Santa**.
Aprovecha para descubrir las estrechas calles del barrio de Triana, cuyo ambiente tranquilo parece no haber cambiado con el tiempo.

Iglesia de Santa Ana

D6 *Párroco don Eugenio 1- ☎ 954 270 885 - www.santanatriana.org - de lu. a ju. de 10:30 a 13:30 y de 16:30 a 19:30 h, vi. de 11:00 a 13:30 y de 16:30 a 19:00 h - 3 €.*
En la misma calle, la **Iglesia de Santa Ana** es la más antigua de Sevilla, aunque conserva pocos elementos originales. En su interior, se puede admirar un retablo renacentista decorado con pinturas de **Pedro de Campaña** y algunas esculturas del siglo XIII de la *Virgen con el Niño* y la *Virgen de la Rosa*, una conmovedora obra de Alejo Fernández. La pequeña **plazuela de Santa Ana** es uno de los lugares más animados del barrio.

Parque de María Luisa y sus alrededores★★

Atravesada por anchas calles, esta vasta zona, urbanizada desde el siglo XVII, encierra tesoros y se presta a agradables paseos. Partiendo de la Puerta de Jerez, la calle San Fernando es una encantadora arteria peatonal atravesada por el tranvía. Al final de la calle, solo tardarás unos cientos de metros en llegar a la majestuosa plaza de España, construida para la Exposición Iberoamericana de 1929, y al imperial Parque de María Luisa, donde podrás refugiarte en busca de un poco de frescor cuando suban las temperaturas.

▶ **Cómo llegar:** metro y tranvía MetroCentro parada de Prado de San Sebastián. Los autobuses 34 y C2 paran en avenida de María Luisa, 3 y 6 paran en paseo de las Delicias.

Mapa extraíble EG6-8.

▶ **Consejo:** para visitar la plaza de España es preferible hacerlo temprano en la mañana, antes de que las calles se llenen de hordas de turistas, o al atardecer, cuando la piedra adquiere un tono rosa.
Calcula aproximadamente medio día para la visita si también tienes intención de ver los museos.

Ⓒ Nuestras direcciones págs. 73, 80 y 90.

Palacio de San Telmo

E6 *Avda de Roma - ☏ 955 001 010 - visitas guiadas ju. a las 16:00 y 18:00 h, sá. a las 11:00 y 13:00 h (también 16:00 y 18:00 h en verano) y con cita previa en www.juntadeandalucia.es - gratuitas.*
Este edificio, construido a finales del siglo XVII, sirvió después como residencia oficial de los duques de Montpensier. Uno de ellos, Antoine d'Orléans, hijo del rey Luis Felipe de Francia, se casó con la infanta española Luisa Fernanda de Borbón, con quien huyó de Francia durante la Revolución de 1848. Instalados en Sevilla, en su Palacio de San Telmo, los Montpensier participaron activamente en la vida social y las tradiciones de la ciudad. A la muerte de la infanta Luisa Fernanda en 1897, el palacio fue cedido a la Archidiócesis de Sevilla, que lo convirtió en seminario hasta 1989, año en que pasó a manos de la Junta de Andalucía. En el centro de la fachada principal del edificio, un armonioso conjunto rojo y ocre, la **portada principal★** diseñada por el arquitecto Leonardo de Figueroa, es uno de los mejores ejemplos del

barroco sevillano. Una estatua de san Telmo, patrón de los marineros españoles y portugueses, domina su parte superior. Lateralmente, la fachada noreste está rematada por doce esculturas que representan a sevillanos ilustres, como Murillo, Velázquez o Miguel de Mañara.

Hotel Alfonso XIII

E6 *Calle San Fernando 2.*
Este prestigioso hotel de 5 estrellas, construido con motivo de la Exposición Iberoamericana de 1929, presenta un estilo regional con rasgos neomudéjares populares en la época. Para disfrutar plenamente del ambiente de este lugar, toma una copa en el bar con vistas al magnífico patio.
Nuestras direcciones pág. 76.

Universidad

EF6 *Calle San Fernando 4 - acceso libre - cerrado los fines de semana.*
La **Universidad** de Sevilla se ubica, desde 1954, en la **Real Fábrica de Tabacos** (siglo XVIII), un soberbio edificio caracterizado por sus armoniosas líneas clásicas y sus impresionantes dimensiones. Encargada en 1771, esta gigantesca construcción contaba con veinticuatro patios, veintiuna fuentes, establos para 400 mulas y amplios talleres y almacenes. También hubo capillas, cárceles, puentes levadizos y puestos de guardia. Allí trabajaron miles de personas, especialmente mujeres; una de ellas inspiró el personaje de **Carmen** de Prosper Mérimée y Georges Bizet. La fachada principal tiene una magnífica **portada** de dos pisos con

columnas gemelas y el frontón está rematado por una alegoría de la fama. El arco de la puerta está decorado con relieves y medallones con los bustos de Cristóbal Colón y Hernán Cortés. A la izquierda se llega al barrio de Santa Cruz por el encantador **paseo de Catalina de Ribera**, que cruza los Jardines de Murillo.

Parque de María Luisa ★

FG7-8 *De 8:00 a 22:00 - acceso libre.*
En 1893, la infanta María Luisa donó a la ciudad parte de los jardines del **Palacio de San Telmo**, que se convirtieron en el mayor espacio verde de Sevilla y en uno de los lugares favoritos de sus habitantes, ideal para dar agradables paseos.
En 1909 se decidió organizar una gran exposición internacional para reurbanizar la ciudad. Las obras se encargaron al arquitecto Aníbal González y al paisajista francés Jean Claude Nicolas Forestier y duraron unos veinte años. La Exposición de 1929 fue un auténtico fiasco, pero permitió acondicionar más de 400 000 m² de magníficos jardines, surcados por avenidas y salpicados de estanques, fuentes, pilas y edificios encantadores, emblemáticos de la cultura hispanoamericana. En este oasis de paz, impregnado del aroma de la magnolia, la naranja y decenas de esencias exóticas, podrás pasear placenteramente, lejos del bullicio de la ciudad y a la sombra de palmeras y ficus gigantes.

Plaza de España ★★

FG7 La **plaza de España,** de 50 000 m² fue construida por el arquitecto **Aníbal**

Museo Arqueológico.

González (⏱ *pág. 129)* entre 1914 y 1929 con vistas a la Exposición Iberoamericana de 1929. Su forma semielíptica es un símbolo del abrazo entre la antigua metrópoli y sus antiguas colonias. El edificio que la flanquea domina el río Guadalquivir, desde donde se emprendió el viaje a las Américas. La plaza está decorada con ladrillo visto, mármol y cerámica, que dan un toque renacentista y barroco a sus dos torres, Norte y Sur, entre las que se despliega en semicírculo un túnel de 170 m de longitud. A lo largo de las alas curvas de la plaza hay cuarenta y ocho bancos cubiertos de azulejos trianeros que ilustran escudos y episodios históricos relativos a cada provincia española. El pequeño canal que atraviesa la plaza está cruzado por cuatro puentes que representan los cuatro antiguos reinos de España. Iluminado por la noche, el lugar es verdaderamente mágico.

Museo Arqueológico ★

FG8 *Plaza de América -* ✆ *955 120 632 - www.museosdeandalucia.es -* ♿ *- cerrado los lu., 1 y 6 de enero, 1 de mayo, 24, 25 y 31 de diciembre - 1,50 € (gratis para ciudadanos de la UE) - cerrado por reformas, se expone una selección de obras en la Sala Santa Inés, calle Doña María Coronel 5.* Situado en el antiguo Pabellón de Bellas Artes de la Exposición de 1929, conocido como el **Pabellón plateresco**, el **Museo Arqueológico** alberga una magnífica exposicion. Objetos del período comprendido entre la Prehistoria y la Antigüedad dan testimonio de la intensidad de los intercambios comerciales entre el Mediterráneo oriental y Andalucía a partir del milenio a. C. El tesoro de **El Carambolo★** es un magnífico ejemplo del nivel alcanzado por los orfebres y metalúrgicos de la cultura tartésica, fruto esta última de la evolución de los pueblos ibéricos bajo la influencia de los recién llegados, fenicios y griegos. La Bética (de *Baetis*, nombre dado por los romanos al Guadalquivir) era una de las provincias más ricas del imperio. La mayoría de las **colecciones★** proceden de **Itálica★**, una ciudad a pocos kilómetros de Sevilla fundada por los romanos (*☞ pág. 62*). Estas colecciones incluyen objetos funerarios (estelas, sarcófagos), utensilios de la vida cotidiana y máscaras teatrales. Admira los magníficos mosaicos y esculturas, entre ellas una *Venus* de mármol con rasgos juveniles, una *Diana cazadora* de bronce, y representaciones de emperadores romanos como Trajano y Adriano, originarios de Itálica.

Museo de Artes y Costumbres Populares

F8 *Plaza de América 3 - ☎ 955 035 325 - www.museosdeandalucia.es - de julio a agosto de ma. a do. de 9:00 a 15:00 h; de septiembre a junio de ma. a sá. de 9:00 a 21:00 h, do. hasta las 15:00 h - cerrado lu., 1 y 6 de enero, 1 de mayo, 24, 25 y 31 de diciembre - 1.50 € (gratis para ciudadanos de la UE).*

El **Pabellón mudéjar**, una de las obras más bellas de Aníbal González, alberga las colecciones del **Museo de Artes y Tradiciones Populares**, ofreciendo una inmersión en las costumbres y tradiciones andaluzas. En la **planta baja** se presenta una colección de bordados y encajes. Tres salas están dedicadas a exposiciones temporales, mientras que otras ofrecen reconstrucciones de los interiores de la casa de la familia Díaz Velázquez, representativa de la burguesía local: comedor, salón, dormitorio... En el **sótano**, se puede admirar la reconstrucción de talleres artesanales (toneleros, ceramistas, orfebres, fabricantes de castañuelas). También hay una muy buena colección de azulejos y cerámicas de la fábrica de la Cartuja y una serie de carteles de la Feria de Sevilla.

Acuario

F8 *Muelle de las Delicias, área sur, Puerto de Sevilla - ☎ 955 441 541 - www.acuariosevilla.es - de julio a agosto diario de 10:00 a 19:00 h (fines de semana hasta las 20:00 h); de septiembre a junio a diario de 10:00 a 18:00 (fines de semana hasta las 19:00 h) - 18 € (4-14 años 13 €).*

El **acuario** de Sevilla es uno de los más grandes de Europa.
El recorrido gira en torno a grandes ecosistemas acuáticos: Atlántico, Pacífico, manglares, selva... Morenas, pulpos y caballitos de mar pueblan los diferentes acuarios, incluido el Oceanario, uno de los acuarios de tiburones más profundos de España. La sección de medusas muestra todos los colores de estas fascinantes criaturas. Los niños se sorprenderán con una pequeña sección donde podrán tocar a pepinos de mar, estrellas de mar y erizos de mar.

Alameda y sus alrededores★

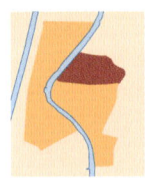

El barrio de la Alameda de Hércules, situado al norte del centro de la ciudad, ha experimentado una importante transformación a lo largo de los años. Antaño barrio marginal, frecuentado por prostitutas y lugar de culto al flamenco, la Alameda, con su laberinto de callejuelas a su alrededor, entre las que destaca la ineludible calle Feria, sirve hoy de escenario urbano para multitud de actividades artísticas al aire libre, festivales de música y encuentros culturales y temáticos. Un sinfín de bares y restaurantes salpican esta parte de la ciudad, convirtiéndola en el lugar ideal para reunirse por la noche con la familia o los amigos. En la zona más septentrional, la Basílica de la Macarena se alza a los pies de los restos de la antigua muralla.

▶ **Cómo llegar:** autobuses C1, C2, 2, 3 y 4 parada Macarena, 13 y 14 parada Alameda de Hércules.
Mapa extraíble DG1-3. Plano del barrio pág. 54.

▶**Consejo:** el mejor momento para descubrir la verdadera alma del lugar son los sá. después de las 20:00 h o los do. a partir de las 17:00 h. Calcula 3 h.
☞ *Nuestras direcciones págs. 73, 80, 86, 88, 90, 95.*

Alameda de Hércules

E2-3 Durante el Siglo de Oro (siglo XVII), la Alameda de Hércules fue uno de los lugares favoritos de los sevillanos y se mantuvo como centro de la vida social hasta finales del siglo XVIII. Después de décadas de decadencia, hoy la zona vuelve a ser muy apreciada por los habitantes de la ciudad.
Esta vasta plaza, salpicada de chorros de agua, bordeada de bares y discotecas, adornada en uno de sus extremos por dos columnas romanas coronadas por estatuas de Hércules y Julio César, suele estar llena de gente por la noche, especialmente los fines de semana. Las calles adyacentes también han visto nacer o renacer bares y restaurantes. Perderse por este laberinto de calles te deparará, sin duda, agradables sorpresas. Siguiendo por la calle Conde de Barajas, descubrirás el antiguo barrio aristocrático de **San Lorenzo★**, más tranquilo y menos turístico. En la encantadora plaza de San Lorenzo encontrarás dos iglesias.

Basílica de Nuestro Padre Jesús del Gran Poder ★

E3 *Plaza de San Lorenzo 13 - ☎ 954 915 686 - www.gran-poder.es - verano, de lu. a ju., de 8:00 a 13:00 h y de 18:00 a 21:00 h; vi., de 7:30 a 14:00 h y de 17:00*

R. Jáuregui/age photostock

La Alameda de Hércules.

a 14:00 h; fines de semana, de 8.00 a 13:00 h y de 18:00 a 21:00 h - gratuito.
Junto a la Iglesia de San Lorenzo (siglo XIII), se construyó en el siglo XX la **Basílica de Nuestro Padre Jesús del Gran Poder.**
Este santuario alberga uno de los tesoros de la escultura barroca, el **Jesús del Gran Poder★** (1620) de Juan de Mesa. La obra es objeto de gran devoción. La expresión de Jesús está impregnada de tristeza y profunda humanidad, lo que probablemente explica el gran apego de los sevillanos a esta obra.
A los lados hay otras dos bellas esculturas, una de las cuales (*San Juan Evangelista*) es obra del mismo artista.
La calle Santa Clara bordea el convento

del mismo nombre y conduce, por la calle Lumbreras, a la Alameda de Hércules. En primer lugar, gira a la derecha por la calle Becas y visita el **Convento de Santa Clara** *(de ma. a sá., de 10:00 a 19:00 h; do. hasta las 15:00 h)*: el magnífico patio mudéjar, con sus naranjos, es un verdadero oasis de paz. En los jardines se alza la **Torre de don Fadrique**. Es un ejemplo del gótico primitivo y uno de los edificios cristianos más antiguos de Sevilla. Don Fadrique, hijo del rey Fernando III (siglo XIII), se enamoró de su madrastra, la reina de España. Se dice que fue en esta torre donde se consumó la pasión entre los dos amantes. El convento está siendo restaurado y ahora alberga exposiciones y conciertos.

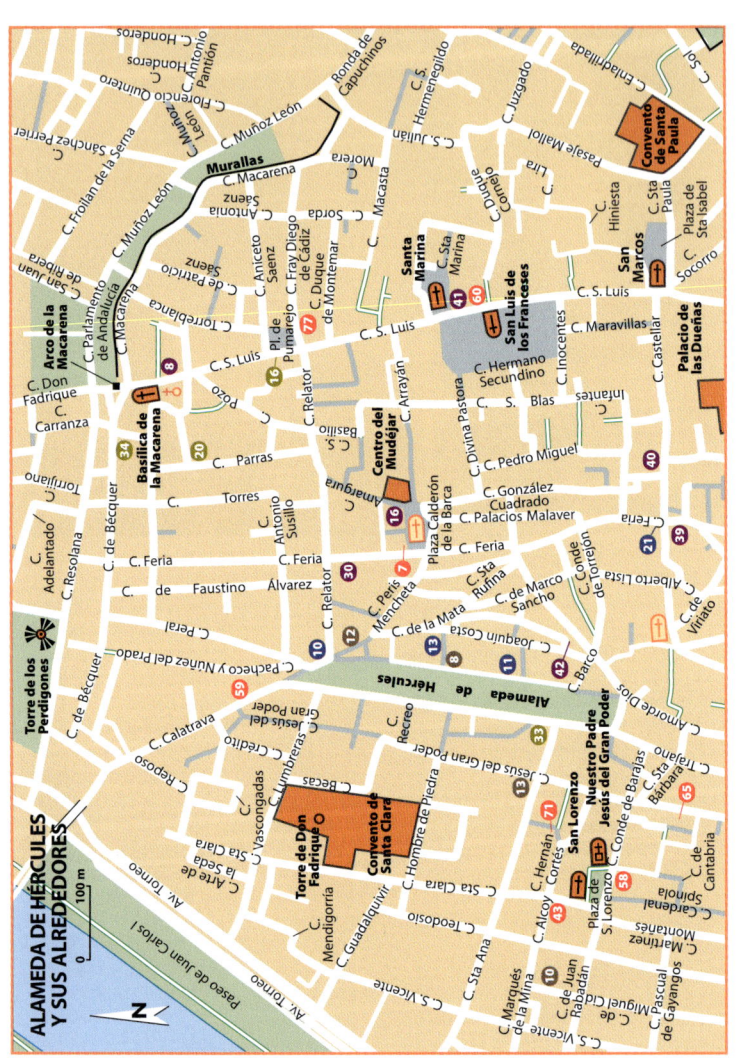

ALAMEDA DE HÉRCULES Y SUS ALREDEDORES

54

DÓNDE COMER		DÓNDE BEBER		SALIR DE NOCHE	
La Cantina	7	Café Piola	10	Fun Club	8
Eslava	43	Bulebar Café	11	Taberna Ánima	10
Az-Zait	58	FresKura	13	Habanilla Café	12
Dúo Tapas	59	Mr Cake	21	Obbio	13
ConTenedor	60				
La Azotea	65	COMPRAS		DÓNDE DORMIR	
Casa Ricardo	71	Flamenco y más	8	Hostal Macarena	16
Casa Macareno	77	Marché de Feria	16	HotelSan Gil	20
		El Jueves	30	Sacristía de Santa Ana	33
		El Pianillo	39	Alcoba del Rey de Sevilla	34
		The Exvotos	40		

Centro del Mudéjar

F2 *Palacio de los Marqueses de La Algaba - plaza Calderón de la Barca - acceso desde el extremo norte de la Alameda por la calle Relator, después gira a la derecha por la calle Feria - de lu. a vi. de 10:00 a 14:00 y de 17:00 a 20:00 h, sá. de 10:00 a 14:00 h - gratis.* Un minucioso proceso de restauración ha dado nueva luz a este encantador palacio del siglo XVI tras años de abandono. Las dos plantas que encierran el patio recorren la historia del arte mudéjar, estilo artístico y arquitectónico típico de la España medieval en el que se entrelazan las culturas islámica y cristiana.
El museo reúne más de un centenar de piezas procedentes de diversas colecciones de la ciudad, en particular del Museo Arqueológico. Este conjunto permite poner de relieve los rasgos principales de una época particularmente rica a través de elementos arquitectónicos y decorativos (azulejos, yeserías), y una buena colección de tinajas y ánforas utilizadas para transportar el vino.

Torre de los Perdigones

E1 *Calle Resolana -* ✆ *679 091 073 - de ma. a do. de 11:30 a 16:45 h - cámara oscura y mirador 5 € (2 € solo mirador).* Construida en 1890, esta torre de 45 m de altura formaba parte de una antigua fábrica que producía granalla de plomo y que cerró en 1950. Hoy alberga en su cima una **cámara oscura** que, gracias a un principio óptico, permite reconstruir la imagen completa de la ciudad en tiempo real. Una terraza estrecha *(no recomendada para personas con vértigo)* ofrece una **vista★** de 360° de la ciudad.

Basílica de la Macarena ★

F2 *Calle Bécquer 1 -* ✆ *954 901 800 - www.hermandaddelamacarena.es - basílica, de lu. a vi. de 8:00 a 14:00 y de 18:00 a 21:30 h, sá. desde las 9:00 h, do. y festivos desde las 9.30 h (cerrado 1 y 6 de ene. y 25 de dic.), 30 €; museo: de 9:00 a 14:00 y de 18:00 a 21:30, do. desde las 9:30 h (cerrado 4 semanas durante la Semana Santa) - 5 € (6 € con audioguía).*

Tras una fachada poco destacable, la Iglesia de Nuestra Señora de la Esperanza alberga la representación más venerada de la Virgen, la de la **Macarena**★. Resplandeciente con su vestido tachonado de piedras preciosas y cubierta con una aureola de oro y plata, esta estatua, esculpida en el siglo XVII por un autor anónimo, es objeto de una auténtica idolatría durante la procesión del Viernes Santo por la mañana, cuando la acompañan los «armaos» vestidos de legionarios romanos.

En una capilla lateral se encuentra una estatua de *Jesús de la Sentencia*, que, con la expresión triste propia de un condenado, acompaña a la Virgen de la Macarena durante la procesión de **Semana Santa**. El museo presenta una colección de magníficas túnicas sacerdotales y suntuosos pasos utilizados para transportar las estatuas durante las procesiones.

Fuera de la iglesia se levantan el **Arco de la Macarena** y las murallas árabes del siglo XII, reforzadas por robustas torres. Más allá de la plaza, se puede contemplar la impresionante fachada renacentista del **Hospital de las Cinco Llagas o de la Sangre**, hasta 1950 el principal hospital de Sevilla y hoy sede del **Parlamento de Andalucía** *(calle San Juan de Ribera - ☎ 954 595 929 (8.30-14.30) - www.parlamentodeandalucia.es - visitas guiadas (lu. por la tarde, de mediados de septiembre a finales de mayo), reservas por teléfono o en jjaa-parlamentodeandalucia.shop. secutix.com/content# - gratuitas).* De vuelta a la calle San Luis, antigua calle real arruinada durante la

Reconquista, te toparás con la sobria **Iglesia de Santa Marina** y luego en una de las iglesias barrocas más bellas de Sevilla.

Iglesia de San Luis de los Franceses ★

F3 *Calle San Luis 37 - de ma. a do. de 10:00 a 14:00 y de 16:00 a 20:00 h - cerrado Jueves y Viernes Santo, 24, 25 y 31 de diciembre, 1 y 6 de enero - 4 € - gratis los do. de 16:00 a 20:00 h.*

A finales del siglo XVII, doña Lucía de Medina donó un terreno a los jesuitas para la construcción de una iglesia dedicada a san Luis, donde pudiera ser enterrado. La orden religiosa intentó entonces ganarse el favor de los Borbones, recién llegados al poder en España. **Leonardo de Figueroa**, arquitecto de la Iglesia del Salvador y del Hospital de los Venerables (🕭 *pág. 27*), demostró todo su talento: el conjunto de estilo barroco se ha conservado según el diseño original. La elegante fachada de la **Iglesia de San Luis de los Franceses** presenta una alternancia de piedra y ladrillo. Dos torres octogonales enmarcan el hermoso campanario y las cúpulas decoradas con azulejos de colores. En el interior, la **cúpula esférica**★★ difunde una luz que resalta las formas y el fresco de **Lucas de Valdés Leal**. La abundante decoración de la nave es armoniosa. Los numerosos retablos parecen competir por la minuciosidad del detalle y el virtuosismo de la ejecución, características que culminan en el retablo mayor, obra de Duque Cornejo. La disposición de los espejos multiplica la teatralidad de la

decoración. También es posible visitar la antigua y pequeña capilla destinada al culto privado de los jesuitas, cuya decoración es igualmente exuberante. La cripta, por el contrario, llama la atención por su sencillez arquitectónica. En una pequeña plaza, muy cerca del Convento de Santa Paula, la **Iglesia de San Marcos** es un bello ejemplo de arquitectura gótico-mudéjar que contrasta con su vecina barroca. La **torre mudéjar★** hace eco del motivo de ladrillo de la Giralda, señal de la profunda influencia del arte decorativo musulmán y de la importancia de sus artesanos.

Convento de Santa Paula ★

G3 Calle Santa Paula 1 - 🕾 954 540 022 - www.santapaula.es - el museo abre todos los días excepto los lu. de 10:00 a 13:00 h (tienda de 9:30 a 13:30 y de 17:00 a 18:45 h) - 4 € - fuera de este horario la iglesia abre (gratuitamente) todos los días a la misa de las 8:00 h.
El campanario del **Convento de Santa Paula** domina los tejados de este encantador barrio, y llama inmediatamente la atención. Fundado en 1475, es uno de los pocos conventos visitables de Sevilla.
A la iglesia, que solo está abierta durante los oficios, se accede a través de un portal de ladrillo coronado por un panel de cerámica que representa al santo. La **fachada★★** de la iglesia, elevada sobre la plaza, es una verdadera obra maestra: los elementos mudéjares de los ladrillos se funden perfectamente con las estructuras arquitectónicas góticas y la magnífica decoración policromada de azulejos y medallones tallados.

La única nave de la **iglesia★** tiene un techo artesonado del siglo XVII. El retablo de san Juan Evangelista se encuentra frente al de san Juan Bautista, mientras que las estatuas de los santos son obra de **Martínez Montañés**. El retablo del altar mayor es una obra barroca cuya hornacina central alberga la estatua del santo, esculpida por Andrés de Ocampo. Las bóvedas góticas del presbiterio están totalmente cubiertas con una decoración floral muy detallada en la que dominan los colores azul y amarillo. En la primera planta, varias salas albergan una interesante colección de platería y bellas pinturas de Ribera y Alonso Cano.
Museo★ - *todos los días excepto lu. de 10:00 a 13:00 h - 4 €.* Accesible desde la entrada de la tienda. El museo está dividido en tres secciones. Las salas, algunas de ellas con maravillosos techos artesonados exponen objetos y ornamentos litúrgicos, encantadores lienzos entre los que destacan los de Ribera (*San Jerónimo* y *La Adoración de los Pastores*), de Pedro de Mena (*Mater dolorosa* y *Ecce Homo*), una *Inmaculada Concepción* de Alonso Cano y un magnífico **belén barroco★★** en terracota del siglo XVIII, de más de 1m de altura, con diversos personajes. La sala del primer piso se comunica con la iglesia de abajo a través de una reja de madera. Aunque el lugar religioso no se puede visitar, se puede vislumbrar la riqueza del conjunto. No te vayas sin darte un capricho con alguna mermelada o jalea, especialidades de las monjas.

Isla de la Cartuja★

No se puede decir que la Isla de la Cartuja goce de un encanto extremo: caracterizada por los vestigios de la Exposición Universal de 1992, hoy alberga edificios oficiales y sedes de diversas empresas. Sin embargo, el monasterio convertido en Museo de Arte Contemporáneo y el parque temático Isla Mágica son buenas razones para visitarla, por no hablar de las riberas entre el río y los jardines del Guadalquivir, un lugar ideal para dar agradables paseos.

▶ **Cómo llegar:** desde Puente Chapina, desde la pasarela de la Cartuja (a pie o en bicicleta) o desde el Puente de la Barqueta (al norte del centro), desde donde se divisa el Puente del Alamillo, obra de Santiago Calatrava construida para la Exposición Universal de 1992. Los autobuses C1 y C2 realizan varias paradas por toda la isla.

Mapa extraíble CD1-2.

▶ **Consejo:** aprovecha este traslado para pasear por las orillas del río. Calcula 2 h (sin contar Isla Mágica).

☞ *Nuestras direcciones pág. 90.*

Monasterio de la Cartuja - Centro Andaluz de Arte Contemporáneo ★

B2-3 *Avda Américo Vespucio 2 - ☎ 955 070 - www.caac.es - ♿ - de ma. a sá. de 11:00 a 21:00 h, do. de 10:00 a 15:30 h - cerrado lu. - 1,80 €: visita del edificio o de las exposiciones temporales; 3 €: visita completa (gratuita de ma. a vi. de 7:00 a 21:00 h y sá. todo el día).*

La **Cartuja**, también conocida como Cartuja de Santa María de las Cuevas, cuyos orígenes se remontan a finales del siglo XIV, ha sido visitada a lo largo de la historia por reyes y personalidades como **Cristóbal Colón**, que preparó aquí su segundo viaje a América. En 1810, las tropas napoleónicas la convirtieron en cuartel, antes de saquearla dos años más tarde. En 1835, los monjes cartujos fueron expulsados y, en 1841, el inglés Charles Pickman instaló aquí una fábrica de cerámica que estuvo en funcionamiento hasta 1982. Sus chimeneas, aún visibles hoy en día, confieren al edificio un aspecto insólito.

Restaurado para la **Exposición Universal de 1992**, el monasterio alberga hoy el **Centro Andaluz de Arte Contemporáneo (CAAC)**. Del conjunto solo queda una iglesia del siglo XV, muy sobria y desnuda, caracterizada por una decoración barroca de estuco y un hermoso rosetón de azulejos. La Sala Capitular alberga los magníficos sepulcros renacentistas de los Ribera, esculpidos en Génova en el siglo XVI, mientras que la Capilla de Santa Ana, decorada con suntuosos azulejos, albergó durante un tiempo los restos de Cristóbal Colón. El claustro mudéjar es de la misma época que la iglesia. El CAAC, instalado en un moderno edificio, cuenta con colecciones de obras del siglo XX (Miró, Chillida, Saura...) y ofrece exposiciones temporales de artistas contemporáneos (pintores, fotógrafos, cineastas y artistas plásticos). El centro también cuenta con una mediateca y organiza interesantes retrospectivas, conferencias, recitales y actuaciones *(infórmate en la oficina de turismo)*. No olvides visitar los jardines, una excelente oportunidad para dar agradables paseos, especialmente durante la primavera, cuando florecen los naranjos, limoneros y pomelos. La soleada terraza del café te envuelve un poco más en la magia del lugar.

Isla Mágica ★

CD1 *Al norte del monasterio, frente al Puente de la Barqueta - ✆ 902 161 716 - www.islamagica.es - ♿ - abierto de abril a octubre, de 11:00 a 19:00, 22:00, 23:00 o 24:00 h, según temporada - todo el día 35 € (4-12 años 23 €); tardes (a partir de 15 años): 23€ (entre 4 y 12 años, 16€), promociones en internet.*

El parque de atracciones, construido alrededor de un lago artificial, está dedicado al tema de los grandes descubrimientos geográficos. Está dividido en siete zonas: «Sevilla, Puerto de Indias», «Agua Mágica», «La Puerta de América», «El Amazonas», «La Guarida del Pirata», «La Fuente de la Juventud» y «El Dorado». El parque ofrece atracciones, toboganes, descensos de ríos y montañas rusas para los amantes de las emociones fuertes, pero también animaciones espectaculares para los niños. También es posible asistir a diversos espectáculos y proyecciones de películas en 3D y admirar reconstrucciones de barcos antiguos.

Pabellón de la Navegación

B3 *Camino de los Descubrimientos 2 - ✆ 954 043 111 - www.pabellondelanavegacion.com - de 10:00 a 15.00 h - cerrado los lu. - 4,90 € (menores de 14 años 3,50 €).* Construido para la Exposición Universal de 1992, el **Pabellón de la Navegación** alberga ahora exposiciones temporales y una exposición permanente atractiva y educativa sobre la historia de la navegación, dirigida principalmente a los niños. Dividida en cuatro espacios temáticos, la exposición permanente lleva a los visitantes a un viaje interactivo en compañía de los **primeros navegantes** en la época de los grandes descubrimientos. Hermosas maquetas ilustran la evolución de la navegación, mientras que un espacio dedicado a los **juegos** permite a los visitantes poner a prueba sus habilidades en la conducción de un barco. La entrada incluye una subida a la Torre Schindler, que se eleva sobre el Guadalquivir y ofrece una vista impresionante de toda la ciudad.

Torre Sevilla

B4 Con 180 m de altura y treinta y nueve plantas, es el primer rascacielos de Andalucía. Diseñado por César Pelli, el edificio causó polémica en el momento de su construcción debido a

61

Monasterio de la Cartuja.

su impacto en el skyline de la ciudad y en las obras arquitectónicas declaradas Patrimonio de la Humanidad por la Unesco (catedral, Alcázar y Archivo de Indias). En este sentido, la Unesco ha llegado a amenazar con rebajar la categoría de la ciudad. Inaugurado en 2017, alberga oficinas en las primeras veinticuatro plantas y un hotel de lujo en las superiores. A sus pies, un centro comercial ofrece bares, restaurantes y todas las marcas de *prêt-à-porter*.

Caixaforum

B3-4 *Camino de los Descubrimientos y calle Jerónimo de Aguilar. ✆ 955 657 611 - caixaforum.es/es/sevilla - todos los días de 10:00 a 20:00 h (de julio a agosto todos los días de 11:00 a 22:00 h) - cerrado los días 1, 6 de enero y 25 de diciembre - exposiciones: 6 € (gratis para menores de 16 años).* Inaugurado en 2017, este centro cultural organiza magníficas exposiciones de arte antiguo y contemporáneo, conciertos, conferencias y actividades familiares. Está ubicado en un encantador edificio moderno, parcialmente subterráneo, obra del arquitecto sevillano Guillermo Vázquez Consuegra.

En los alrededores

A menudo no hay nada mejor que una excursión fuera de la ciudad, lejos del bullicio. Itálica y el Monasterio de San Isidoro del Campo, situados a 9 km de Sevilla y fácilmente accesibles en autobús, son agradables descubrimientos. En lo alto de una colina, los restos de la ciudad romana de Itálica atestiguan la importancia de la región para los romanos en su lucha contra los cartagineses. El monasterio, por su parte, alberga bellos frescos y un retablo de Juan Martínez Montañés.

▶ **Cómo llegar:** se puede llegar en autobús desde Sevilla (plaza de Armas, dirección Santiponce). Unos siete autobuses al día desde las 6:30 hasta las 24:00 h.
Fuera del mapa.
▶ **Consejo:** en Itálica hay muy poca sombra, así que es preferible visitarla por la mañana, sin olvidar llevar sombrero y agua.

Itálica ★

A 1 hora.
En Santiponce, pueblo situado a 9 km al noroeste de Sevilla, en la N 630 (dirección Mérida).
Autobús: *Cía. Damas - ✆ 959 256 900, Sevilla plaza de Armas-Santiponce directo (autobús M-170A).*
Av. de Extremadura 2 - ✆ 600 141 767 - www.museosdeandalucia.es.
Museo: *de julio a mediados de septiembre, de ma. a do. y festivos de 10:00 a 15:00 h; de abr. a jun., de ma. a sá. de 9:00 a 21:00 h, do. y festivos de 9:00 a 15:00 h; de mediados de sep. a mar. de ma. a sá. de 9:00 a 18:00 h, do. y festivos de 9:00 a 15:00 h - cerrado lu., 1 ene., 1 may. y 25 dic.*
Excavaciones: *de mediados de jun. a mediados de sep., de ma. a do. y festivos de 9:00 a 15:00 h; desde principios de abril a mediados de junio de ma. a sá. de 9:00 a 21:00 h, do. y festivos de 9:00 a 15:00 h; resto del año de ma. a sá. de 9:00 a 18:00 h, do. y festivos de 9:00 a 15:00 h - cerrado lu., 1 y 6 de enero, 1 de mayo, 24, 25 y 31 de diciembre - 1,50 € (gratuito para ciudadanos de la UE).*
Oficina de turismo cerca del teatro romano. Es mejor ir entre semana.
En 206 a. C., Escipión el Africano ordenó la construcción de Itálica para albergar a los heridos y veteranos de la segunda guerra contra los cartagineses.
La primera aglomeración se situaba al pie de la colina, bajo Santiponce, pero la ciudad fue adquiriendo cada vez más importancia: a este primer emplazamiento se unió el que se puede visitar hoy en día, la *nova urbs* (ciudad nueva), construida en la colina a principios del siglo II a instancias del

emperador **Adriano**, que se había criado allí, donde nació su padre adoptivo, el emperador Trajano. Aunque los vestigios de Itálica han quedado arruinados por el tiempo, permiten ver con bastante claridad el estricto trazado de la ciudad, que fue abandonada 150 años después de su apogeo.

Rodeada de murallas, la ciudad romana contaba con numerosos edificios y residencias privadas, cuyo refinamiento puede apreciarse en los **mosaicos**★ que aún hoy cubren algunos suelos: los de la Villa de Neptuno, con estilizados perfiles de cazadores y animales, los de la Villa de los Pájaros, de vivos colores, o el gran mosaico de la Villa del Planetario, que presenta un círculo con las deidades de los planetas en el centro.

La **Casa de la Exedra** en la antigua Roma era una sala con patio donde se practicaban deportes atléticos. El gran patio, con su fuente, atestigua los orígenes romanos de este elemento característico de la casa típica andaluza.

El **anfiteatro**★★, con 25 000 asientos, es uno de los más grandes del mundo romano: ha conservado toda la estructura original salvo la hilera superior de escalones.

El conjunto es muy impresionante, sobre todo visto desde la base. Esta última presenta un foso cubierto por una estructura de madera que servía de sala de servicio para los espectáculos.

Las alas y los pasillos también merecen una visita: casi tendrás la impresión de encontrarte con un gladiador o escuchar el rugido de alguna bestia feroz, protagonistas de los espantosos espectáculos que allí se realizaban.

Monasterio de San Isidoro del Campo ★

A 1 hora. Avda de San Isidoro del Campo 18, Santiponce, a 1,5 km de Itálica - ☎ 955 624 400 - de ma. a ju. de 10:00 a 15:00 h, vi. y sá. hasta las 19:00 h - cerrado do. y lu. (julio y agosto, de ma. a do. de 10:00 a 15:00 h) - gratuito. Mismo autobús que a Itálica.

El monasterio fue fundado en 1301 por Guzmán el Bueno, quien se dio a conocer durante la conquista de Tarifa (1294). A partir del siglo XIX se transformó en prisión de mujeres, cervecería y fábrica de tabaco. Declarado monumento histórico-artístico en 1872, fue objeto de una larga campaña de restauración y hoy está abierto al público. Esta estructura fortificada cuenta con una doble iglesia, donde el gótico convive con el estilo mudéjar de época almohade y con influencias de Languedoc. En el siglo XV, el monasterio, habitado por monjes ermitaños, estaba decorado en el Patio de los Evangelistas y en el claustro con **frescos murales**★★ que representaban santos y motivos geométricos o florales de estilo mudéjar. En una de las capillas se puede admirar un **magnífico retablo**★ de **Juan Martínez Montañés** (siglo XVII).

NUESTRAS SUGERENCIAS

Detalle de un abanico decorado con una bailaora de flamenco.
P. Escudero/hemis.fr

Dónde comer

Sea cual sea tu presupuesto, no te faltará dónde elegir: Sevilla rebosa de lugares estupendos a precios asequibles.

Hoy en día, la cocina sevillana se caracteriza por una fusión de tradición y modernidad. Por un lado, hay establecimientos tradicionales con una decoración inalterable, que sirven tapas clásicas, raciones y medias raciones. Por otro, los nuevos establecimientos reinventan el patrimonio culinario local con toques internacionales. Entre estos dos extremos existe todo un abanico de posibilidades. Así, tendrás la oportunidad de degustar las clásicas tapas de garbanzos con espinacas en un local decorado con azulejos y carteles taurinos, ¡pero también de probar nuevas creaciones de jóvenes chefs!

En Sevilla se suele comer tarde, pero muchos restaurantes, sobre todo los de Santa Cruz, sirven de 12:00 a 20:00 h.

😊 La mayoría de los restaurantes del barrio de Santa Cruz son auténticas trampas para turistas. Prioriza los lugares que se mencionan a continuación.

☞ *Información práctica/Restauración, pág. 103 y Más información/Gastronomía, pág. 123. Ver Dónde beber, pág. 76: algunos locales propuestos sirven platos ligeros perfectos para el almuerzo.*

☞ **Encontrarás las direcciones en el mapa extraíble y en los planos de los barrios por los puntos numerados (p. ej. ❶). Las coordenadas en rojo (p. ej. C2) se refieren al mapa extraíble (interior de la cubierta).**

Santa Cruz

Plano del barrio pág. 26

Menos de 15 €

❹ **Bodeguita Casablanca** - **E5** - *C/Adolfo Rodríguez Jurado 12 - ☏ 954 22 41 14 - www.bodeguitacasablanca.com de 13:00 a 16:30 h, de 20:30 a 23:30 h, sá. de 12:30 a 16:30 h - do. cerrado - platos alrededor de 15 €.* Este pequeño bar, uno de los más famosos de Sevilla, está siempre lleno y es frecuentado sobre todo por clientes habituales.

❽ **Bodega Santa Cruz - Las Columnas** - **F5** - *C/Rodrigo Caro 1 -*

☏ 954 21 86 18 - de 8:00 a 24:00 h - menos de 15 €. A tiro de piedra de la catedral, una bodega popular. Además de un ambiente acogedor y una atmósfera animada, encontrarás montaditos (pequeños bocadillos) y tapas ¡Si puedes llegar hasta el mostrador!

㉗ **La Fresquita** - **F5** - *C/Mateos Gago 29 - ☏ 954 22 60 10 - de ma. a sá. de 12:00 a 16:00 y de 20:00 a 24:00 h, do. de 12:00 a 16:00 h .* Popular entre los lugareños, este diminuto bar (¡15 m²!) está cubierto con imágenes de la Semana Santa sevillana. Bajo estas miradas piadosas, los clientes toman

una de las mejores cervezas de la ciudad y se deleitan con tapas tradicionales.

66 Freiduría Puerta de la Carne - **F5** - *C/Santa María la Blanca 36 - ☎ 954 41 11 59 - www.freiduriapuertadelacarne. com - de julio a agosto de 20:00 a 0:30 h; resto del año todos los días excepto ma. de 13:00 a 17:00 y de 20:00 a 24:00 h - platos entre 16/30 €.* ¿Comida rápida en Andalucía? ¡Pescado frito y marisco! Desde 1929, este local sirve agallas de sepia, adobo de pescado (marinado con limón) y croquetas. Solo unas gotas de limón y ya están listas para degustarlas.

De 15 a 25 €

3 Cervecería Giralda - **E5** - *C/Mateos Gago 1 - ☎ 954 22 82 50 - www.cerveceriagiralda.com - diario de 12:00 a 1:00 h - platos entre 12/18 €.* Este popular local de tapas ocupa unos antiguos baños de la época árabe, con columnas, bóvedas y restos de decoración pictórica. La clientela, que incluye tanto turistas como lugareños, se da un festín de especialidades andaluzas con toques creativos. Pequeña terraza, muy apreciada, a la sombra de la Giralda.

2 Las Teresas - **F5** - *C/Santa Teresa 2 - ☎ 954 23 30 69 - www.lasteresas.es - de 10:00 a 1:00 h - platos entre 15/24 €.* Esta pequeña osteria típica, fundada en 1870 y situada en una pintoresca callejuela, es un clásico del barrio con su antigua barra de mármol y sus paredes cubiertas de fotografías. Son famosas sus espinacas con garbanzos, así como su jamón. Amplia carta de vinos.

6 Modesto - **F5** - *C/Cano y Cueto 5 - Puerta de la Carne - ☎ 954 41 68 11*

- www.modestorestaurantes.com - de ma. a sá. de 12:00 a 17:00 y de 19:00 a 24:00 h, do. de 12:00 a 17:00 h - platos entre 13/18 €. Situado en una plaza con vistas a los Jardines de Murillo, este restaurante muy conocido entre los sevillanos, sirve una excelente cocina tradicional andaluza.

67 Vinería San Telmo - **G5** - *Paseo de Catalina Ribera 4 - ☎ 954 41 06 00 - de 9:30 a 23:30 h, lu. de 9:30 a 17:30 y de 20:00 a 0:30 h, ma. de 9:30 a 17:30 h, sá. de 10:30 a 23:30 h, do. de 10:30 a 17:30 h - platos entre 12,50/22 €.* Este bar de vinos ofrece una excelente selección de vinos típicos españoles, difíciles de encontrar en otros lugares. En cuanto a la cocina, encontrarás recetas elaboradas y creativas, en forma de tapas, con inspiraciones internacionales. La terraza se llena enseguida.

Más de 35 €

28 Casa Robles - **E5** - *C/Álvarez Quintero 58 - ☎ 954 21 31 50 - www.casarobles.es - de 12:30 a 24:00 h - platos entre 17,50/24,50 €.* Uno de los establecimientos más famosos de Sevilla, junto a la catedral. En el comedor o en la terraza se pueden degustar excelentes productos como carnes a la brasa, pescados, mariscos y quesos. Amplia carta de vinos.

El Centro

Plano del barrio pág. 30

Menos de 15 €

18 La Bodega de la Alfalfa - **F4** - *C/Alfalfa 4 - cerca de la plaza - ☎ 954 22 73 62 - labodegaalfalfa.com - de 12:30 a 16:30 y de 20:00 a 24:00 h, de vi. a do. de 12:30 a 00:00 h - platos*

68

entre 16,50/26 €. Amplia selección de tapas y raciones para pedir en el bar o en la sala del restaurante.

42 El Rinconcillo - **F4** - *C/Gerona 40 - ☏ 954 22 31 83 - www.elrinconcillo.es - de 13:00 a 17:30 y de 20:00 a 0:30 h - menú entre 37/63 €.* El bar más antiguo de Sevilla abrió sus puertas en 1670. La magnífica decoración del siglo XIX combina azulejos, techo artesonado y estanterías *Art Nouveau*. De pie en la barra, o sobre las barricas, se puede disfrutar de las mejores recetas de la cocina local en formato de tapas o raciones. ¡Y la cuenta se calcula a mano con tiza sobre el viejo mostrador!

23 Taberna Coloniales - **F4** - *Pl. Cristo de Burgos 19 - ☏ 954 50 11 37 - www.tabernacoloniales.es - de 12:30 a 16:30 y de 20:00 a 24:00 h - cerrado do. y lu. por la noche - menos de 15 €.* Los clientes habituales suelen agolparse en torno al mostrador para disfrutar de unas tapas y un buen vaso de vino. Hay una pequeña sala al fondo para quienes desean una comida más copiosa.

39 Mesones del Serranito - **D4** - *C/Alfonso XII 9 - ☏ 954 21 82 99 - www.mesonserranito.com - de lu. a sá. de 12:30 a 17:00 h - menos de 15 €.* Un restaurante de barrio con un tono familiar, este mesón ofrece cocina genuina y cantidades abundantes. Amplia selección de excelentes tapas y raciones para degustar en la barra, mientras que en el salón se puede disfrutar de una comida completa.

70 Bar Europa - **E4** - *C/Siete Revueltas 35 - El restaurante tiene vistas a la plaza Jesús de la Pasión - ☏ 954 21 79 08 - todos los días de 9:30 a 23:00 h.* Inaugurado en 1925, este bar conserva una decoración encantadora: suelo ajedrezado, azulejos, barra de madera, espejos... Sus premiadas tapas combinan brillantemente tradición y modernidad, como las milhojas de gambas con wasabi, mientras que su terraza es uno de las más populares del centro de la ciudad.

De 15 a 25 €

62 Perro viejo - **E4** - *C/Arguijo 3 - ☏ 955 44 00 30 - www.tuhogarfuera decasa.com - todos los días de 13:30 a 16:30 y de 20:30 a 24:00 h - platos entre 14/21 €.* Encontrarás platos de temporada con acentos internacionales en un ambiente de estilo industrial (paredes de ladrillo, objetos de diseño). En invierno, el rincón de la chimenea es especialmente apreciado.

29 Desacato - **E3** - *C/Amor de Dios 7 - ☏ 955 12 62 26 - restaurantedesacato.com - de 13:00 a 16:00 y de 20:00 a 24:00 h - precios entre 9,80/18 €.* Un interior entre retro y futurista que ha conquistado las revistas de interiorismo, y una carta sencilla pero fresca y sabrosa bastaron para que este restaurante-coctelería se convirtiera en el lugar perfecto para estar en la Sevilla de moda.

13 La Barra de Cañabota - **E4** - *C/ Orfila 5 - ☏ 954 87 02 98 - de ma. a sá. de 13:00 a 15:30 y de 20:00 a 23:00 h - menú 90 €.* Este bar de tapas de nueva generación ofrece los mejores pescados y mariscos de la región preparados con sencillez, revelando todos sus sabores. La decoración se inspira en las pescaderías: azulejos blancos, mostrador de acero... Elegante, informal y delicioso.

69

1 **Tradevo** - *Cuesta del Rosario 15 - ☎ 854 80 74 24 - www.tradevo.es - de 13:30 a 16:00 y de 21:00 a 23:30 h - platos entre 8/17 €, 30/40 € la comida completa.* Los buenos productos regionales destacan en este gastro-bar, cuya carta de pocos platos favorece las tapas sencillas pero sabrosas. Interior de diseño y terraza en pleno centro de la animación nocturna.

72 **Sal Gorda** - *C/Alcaicería de la Loza 23 - ☎ 955 38 59 72 - de 13:00 a 16:30 y de 20:00 a 23:00 h - tapa 3,50/7 €.* En un encantador callejón peatonal que recuerda a un zoco, este pequeño restaurante de moda con una clientela cosmopolita ofrece tapas inspiradas en la cocina mundial.

17 **Pan y Circo** - *C/Rivero, 11 - ☎ 674 819 652 - panycirco.es - de ma. a sá. de 13:00 a 16:00 h y de 20:00 a 24:00 h, do. de 13:00 a 17:00 h - platos entre 14/22 €.* Este popular restaurante ocupa las tres plantas de un edificio. Todo el mobiliario está a la venta, desde obras de artistas locales hasta muebles *vintage*. La carta mezcla con brillantez modernidad y platos de todo el mundo.

63 **Dos de Mayo** - **Fuera del barrio, ver mapa extraíble D3** - *Pl. de la Gavidia 6 - ☎ 954 90 86 47 - bodegadosdemayo.com - de 12:30 a 16:30 y de 20:00 a 24:00 h, de vi. a do. de 12:30 a 24:00 h - platos entre 15,50/25 €.* La terraza es muy popular. Los fines de semana es frecuentada por muchas familias que deleitan sus paladares con tapas y raciones típicas.

24 **Restaurante Baco** - **E4** - *C/Cuna 2 - ☎ 954 21 11 07 - de 13:00 a 16:30 y de 20:15 a 23:30 h - cerrado lu. y do. por la noche.* Bajo este cartel encontrarás varios restaurantes, un hotel y varias tiendas. En una magnífica residencia sevillana, las especialidades de bacalao son excelentes. Gran selección de vinos.

35 **Las Piletas** - **C4** - *C/Marqués de Paradas, 28 - ☎ 954 22 04 04 - de 7:00 a 24:00 h - platos 16/20 €.* El local cuenta con una amplia barra y una coqueta sala con altillo, decorada con cabezas de toro y carteles taurinos. El menú ofrece especialidades locales cocinadas a la perfección, ¡incluido el increíble rabo de toro!

Casa Paco El Buen Comer - **Fuera del mapa** - *C/Luis Huidobro 23 - ☎ 954 58 47 25 - de lu. a vi. de 13:00 a 16:30 y de 20:00 a 24:00 h, sá. de 13:00 a 16:30 h - tapa 3,90-5,50 €.* Este pequeño bar de tapas alejado de las rutas turísticas es una auténtica rareza. A pesar de su aspecto no especialmente atractivo, ofrece platos capaces de atraer a entendidos de todas partes de la ciudad. Las pequeñas raciones que salen de la cocina son un auténtico concentrado de sabor.

De 25 a 35 €

78 **Zelai** - **D4** - *C/Albareda 22 - ☎ 954 22 99 92 - de 13:00 a 16:00 h y de 19:30 a 24:00 h - platos 13/19 €.* Un restaurante poco conocido entre los turistas. En un ambiente moderno, te servirán tapas gastronómicas caracterizadas por el concepto de «fusión»: lo mediterráneo, lo asiático y lo sudamericano se entrelazan para dar lugar a creaciones de verdadero éxito, como el tataki de atún con algas y mayonesa de wasabi.

El Arenal

Plano del barrio pág. 41

La Bodega Dos De Mayo.

Menos de 15 €

44 Bodeguita Romero - **E5** - C/ Harinas 10 - ☎ 954 22 95 56 - bodeguita-romero.com - de ma. a sá. de 13:00 a 16:00 y de 20:30 a 23:30 h, do. de 13:00 a 16:00 h. Un restaurante frecuentado por asiduos que ofrece tapas tradicionales preparadas con maestría (famoso su montadito de pringá), una excelente selección de vinos de la región y un ambiente informal. Por falta de espacio, ¡la clientela se desborda en su pequeña terraza!

75 Casa Morales - **E5** - C/García de Vinuesa 11 - ☎ 954 22 12 42 - de lu. a sá. de 8:00 a 24:00 h - platos por menos de 15 €. Antigua bodega, donde el tiempo parece literalmente detenerse. Amplia selección de tapas y vinos en un ambiente y una atmósfera únicos.

De 15 a 25 €

48 Bar Patronas - C/Santas Patronas, 11 - ☎ 954 564 990 - tapas-sevilla.patronas.es - de ma. a sá. de 13:00 a 16:00 y de 20:15 a 23:30 h - cerrado en agosto - tapa 3,50 €, raciones 10/15 €. Pequeño y acogedor bar familiar. Platos sencillos pero sabrosos para comer en la barra o en la mesa, rodeado de viejas fotos familiares colgadas en la pared.

49 Petit Comité - **D5** - C/Dos de Mayo 30 - ☎ 954 22 95 95 - de ma. a do. de 13:00 a 16:30 y de 20:00 a 23:30 h - platos 10/14 €. Este restaurante cautiva por su ambiente refinado: paredes pintadas al fresco, cortinas, iluminación suave... Igualmente elegante, la carta combina con naturalidad sabores de diferentes países.

De 25 a 35 €

41 Taberna del Alabardero - **D5** - *C/Zaragoza 20* - ☏ *954 50 27 21* - *www.tabernadelalabardero.es* - *de 13:30 a 15:30 y de 20:30 a 23:30 h* - *cerrado al mediodía en agosto* - *platos 16,50/26 €.* Es uno de los mejores restaurantes de la ciudad, regentado por la Escuela de Hostelería de Sevilla y ubicado en un pequeño edificio del siglo XIX. Los precios son bastante razonables. También tiene un encantador salón de té: solo por esto merece la pena visitarlo.

Triana

Plano del barrio **pág. 45**
Encontrarás lugares agradables y más baratos que en la orilla opuesta. Los bares y restaurantes que bordean el río son, como es fácil adivinar, los más turísticos. ¡No dudes en ir a otro sitio!

Menos de 15 €

50 Las Golondrinas - **C5** - *C/Antillano Campos 26* - *en una callejuela entre C/Alfarería y Pages del Corro* - ☏ *954 33 16 26* - *de 12:00 a 16:00 y de 20:00 a 24:00 h* - *platos 16/28 €.* Regentado por la misma familia desde 1962, este restaurante es uno de los grandes clásicos del barrio. Sus paredes, cubiertas de azulejos, y su mobiliario, típico de las casetas de la Feria, dan la bienvenida a los clientes que vienen a disfrutar de la deliciosa cocina familiar.

51 Casa Cuesta - **C5** - *C/Castilla 1* - ☏ *954 33 33 35* - *www.casacuesta.net* - *de lu. a sá. de 12:30 a 16:30 y de 20:00 a 00:30 h* - *platos 12/15 €.* Famosa casa de 1880 caracterizada por un magnífico mostrador de madera, azulejos, grifos de cerveza relucientes y carteles antiguos. Exquisito rabo de toro y espinacas con garbanzos.

56 Bar Santa Ana - **D6** - *C/Pureza 82* - ☏ *954 27 21 02* - *de 7:30 a 14:30 h, do. de 10:00 a 17:00 y de 19:00 a 20:30 h* - *platos de unos 15 €.* Un popular y acogedor local de tapas. Aquí encontrarás platos clásicos sevillanos como espinacas con garbanzos, pescaíto frito y caracoles. Puedes sentarte en la terraza, a la sombra de la iglesia.

74 Blanca Paloma - **C6** - *C/San Jacinto 49* - ☏ *954 33 36 40* - *mejordesevilla.com/restaurante-blanca-paloma-triana/* - *de 12:00 a 16:30 y de 20:00 a 24:00 h* - *cerrado los lu. al mediodía y los do.* Siempre lleno, es el lugar ideal para tapear. Los clientes vienen aquí desde el otro lado del Guadalquivir para degustar platos tradicionales elaborados con los mejores productos. Ambiente popular y auténtico, ¡imprescindible en Triana!

De 25 a 35 €

57 De la O - **Fuera del plano del barrio, ver el mapa extraíble B4** - *Paseo Nuestra Señora de la O 29* - ☏ *954 33 90 00* - *delaorestaurante. com* - *de 8:30 a 23:30 h, fines de semana de 12:00 a 23:30 h (verano: diario de 8:30 a 23:30 h)* - *platos 20/27 €.* A orillas del río, este restaurante rinde homenaje a los buenos productos de la región en platos entre la tradición y la creatividad. Ambiente cuidado y servicio atento. Terraza con hermosas vistas al Guadalquivir.

Alrededores del Parque de María Luisa

Mapa extraíble

Menos de 15 €

30 Casa Palacios - *G8* - *C/ Progreso 7 - ☏ 95423 11 32 - casapalacios1926.com - de lu. a vi. de 10:00 a 15:00 y de 20:00 a 23:00 h, sá. de 10:00 a 15:00 h - tapa 2,50-4 €.* Típicamente andaluzas, las abacerías sirven tanto de charcutería como de bar de tapas donde degustar los productos que se venden en la zona. Este bar (1926) ha conservado su bonito mostrador y estanterías originales y sirve pequeños bocadillos y una selección de quesos y embutidos para comer y cenar, regados con excelentes vinos locales. ¡Solo en Sevilla comer algo sobre la marcha puede convertirse en un arte!

De 15 a 25 €

64 Estraperlo - *G8* - *C/Santa Rosa 4 - ☏ 954 96 35 38 - www.estraperlosevilla.com - ma. y do. de 13:30 a 16:00 h, de mi. a sá. de 13:30 a 16:00 y de 20:30 a 23:00 h - platos por menos de 15 €.* Acogedor y luminoso restaurante familiar, donde podrás degustar platos elaborados con productos regionales de temporada cocinados con maestría. También una pequeña tienda de comestibles con productos locales y ecológicos. Terraza en la calle.

34 Sobretablas - *G8* - *C/Colombia 7 - ☏ 954 54 64 51 - sobretablas restaurante.com - de ma. a sá. de 13:30*

a 16:30 y de 20:30 a 24:00 h - platos 23/29 €, menú degustación 68 €.* Este restaurante gastronómico está ubicado en una hermosa casa burguesa. En el comedor o en el patio, hay un servicio atento y buena cocina.

Alrededores de la Alameda

Plano del barrio pág. 54

Menos de 15 €

43 Eslava - *D3* - *C/Eslava 3-5 - ☏ 954 90 65 68 - www.espacioeslava. com - de 12:30 a 24:00 h, do. de 12:30 a 18:00 h - cerrado lu. - platos 15/26 €.* Uno de los grandes clásicos. Siempre abarrotado, la espera de los clientes se ve recompensada con deliciosas creaciones, algunas de las cuales ya forman parte del patrimonio culinario de la ciudad (pastel de setas porcini). No te vayas sin probar el famoso *Un cigarro para Bécquer,* un sabroso homenaje al poeta romántico local. Al lado se encuentra el restaurante del mismo nombre, más caro.

59 Dúo Tapas - *E2* - *C/Calatrava 10 - ☏ 955 23 85 72 - de 13:30 a 16:30 y de 20:00 a 24:00 h (0:30 h vi. y sá.) - platos de menos de 15 €.* Amplia selección de tapas donde se entremezclan las cocinas de distintos países. Cantidades abundantes, precios razonables y mesas tomadas por asalto (¡sobre todo las de la terraza!). Uno de los lugares favoritos de los sevillanos.

65 La Azotea - *E3* - *C/Conde Barajas 13 - ☏ 955 11 67 48 - www.laazoteasevilla.com - de 13:30 a 16:30 y de 20:30 a 23:30 h - platos 15/22 €.* Si te apetecen tapas innovadoras, ¡este es tu sitio! Los platos, elaborados con ingredientes de primera calidad, combinan tradición y modernidad con un toque creativo. Muy popular entre los lugareños: conviene no respetar los horarios de comida españoles y llegar un poco antes. Otro restaurante en C/Mateos Gago 8.

69 **Yebra** - **Fuera del plano del barrio, ver mapa extraíble G2** - *C/Medalla Milagrosa 3 - ✆ 954 35 10 07 - www.yebrarestauracion.com - de ma. a sá. de 12:00 a 17:00 y de 20:00 a 24:00 h, do. de 12:00 a 17:00 h - platos por unos 15 €.* Poco conocido por los turistas. El ambiente no parece gran cosa, pero para muchos el lugar sirve las mejores tapas de Sevilla: platos basados en la tradición, pero al mismo tiempo haciendo gala de creatividad. Siempre lleno, mejor llegar pronto.

71 **Casa Ricardo** - **E3** - *C/Hernán Cortés 2 - ✆ 954 38 97 51 - www.casaricardosevilla.com - de ma. a sá. de 13:00 a 16:00 y de 20:00 a 24:00 h, do. de 13:00 a 16:00 h - platos 14/20 €.* Las mejores croquetas de Sevilla... Eso es lo que atrae a los clientes a este pequeño restaurante completamente sevillano: las paredes de los salones están cubiertas con imágenes de santos y vírgenes de la ciudad. Cocina tradicional con algunos toques creativos.

De 15 € a 25 €

7 **La Cantina** - **E2** - *Pl. de Abasto - Mercado de la calle Feria - ✆ 637 78 81 43 - de mayo a octubre de 8:00 a 18:00 y de 20:00 a 24:00; de noviembre a abril de 9:00 a 18:00 h.* Dentro del Mercado de la Feria, es realmente un lugar de visita obligada: ¡el marisco y el pescaíto frito están deliciosos!

77 **Casa Macareno** - *Pl. Pumarejo 2 - ✆ 955 41 72 99 - de lu. a sá. de 12:00 a 16:00 y de 20:00 a 24:00 h, do. de 12:00 a 16:00 h.* Los jóvenes propietarios han querido conservar el espíritu popular de la antigua tienda de ultramarinos del barrio: azulejos, carteles antiguos... La carta ofrece los grandes clásicos de la cocina local.

De 25 € a 35 €

58 **Az-Zait** - **D3** - *Pl. de San Lorenzo 1 - ✆ 954 90 64 75 - www.azzait.eatbu.com - de 13:15 a 16:00 y de 20:00 a 24:00 h - cerrado ma. y mi. al mediodía - platos 18/23,50 €.* En un ambiente refinado y agradable, podrás degustar platos tradicionales con un toque de creatividad o los clásicos de la cocina internacional.

60 **ConTenedor** - **F2** - *C/San Luis 50 - ✆ 954 91 63 33 - www.restaurantecontenedor.com - de lu. a sá. de 13:30 a 16:00 y de 20:30 a 23:30 h - cerrado en agosto - platos 15/29 €.* Este restaurante ofrece una cocina de temporada basada en ingredientes ecológicos y de producción local. Todo ello en un ambiente moderno con vistas a la hermosa fachada de la Iglesia de San Luis de los Franceses.

🍹 Dónde beber

Desayunar en el bar es una costumbre muy extendida entre los sevillanos. Casi todos los bares del centro de la ciudad ofrecen la fórmula clásica: café y tostadas con un chorrito de aceite de oliva, acompañadas de tomate y lonchas de jamón ibérico. Otro momento importante es el café de la **tarde**, acompañado de unos dulces. En cuanto al aperitivo, antes de comer y/o cenar, suele consistir en una cerveza acompañada de tapas. Un lugar de culto para el **aperitivo** es la atmosférica plaza del Salvador, asaltada por una multitud de gente feliz. Sin embargo, otros barrios, como la Alameda de Hércules o la plaza de la Alfalfa, son igualmente populares. Por último, la calle Betis atrae a un gran número de sevillanos, sobre todo hacia el final del día, por la espléndida vista que ofrece sobre la ciudad y el Guadalquivir.

☞ **Encontrarás las direcciones en el mapa extraíble y en los planos de los barrios por los puntos numerados (p. ej. ①). Las coordenadas en rojo (p. ej. C2) se refieren al mapa extraíble (interior de la cubierta).**

Santa Cruz

Plano del barrio pág. 26

Bar

⑲ **Álvaro Peregil - La Goleta - F5** - C/Mateos Gago 20 - ✆ 954 21 89 66 - todos los días de 12:00 a 0:30 h. Este pequeño bar es un lugar auténtico y poco común en un barrio turístico. Se puede tomar una cerveza o un vaso de vino de naranja acompañado de un montadito, las dos especialidades de la casa.

② **Hotel Alfonso XIII - E6** - C/San Fernando 2 - ✆ 954 91 70 00 - www.enasevilla.com - de 16:00 a 2:00 h. Este suntuoso edificio de 1928, renovado en 2012, es quizá uno de los palacios más bellos de Europa. El patio central es un lugar maravilloso para un café tranquilo, igual que el encantador Bar Americano, que cuenta con una interesante carta de cócteles y una llamativa decoración art déco, o la terraza Ena, con vistas al jardín.

Churros

① **Calentería - F5** - C/Cano y Cueto 7 - ✆ 955 97 66 20 - todos los días de 7:00 a 13:00 y de 20:00 a 24:00 h (invierno de 7:00 a 24:00 h). Desde hace tres generaciones, este pequeño local elabora, como ellos dicen, los mejores churros de Sevilla. En cuanto tengas tu «botín» en la mano, podrás disfrutarlo sentado en las mesas al aire libre de alguno de los bares vecinos.

El Centro

Plano del barrio págs. 30-31

Pastelerías/heladerías

③ **La Campana - E4** - En la esquina de C/Sierpes y Campana - ✆ 954 22 35 70 - www.confiterialacampana.com - todos los días de 8:00 a 22:30 h. Pastelería de 1885 que es un gran

clásico sevillano. Aunque la repostería no siempre está a la altura, merece la pena entrar solo por tomar algo y admirar la belleza del interior, con sus molduras y revestimientos de madera.

5 **Rayas** - **F4** - *C/del Almirante Apodaca 1 - pl. San Pedro* - ✆ *954 22 17 46 - de 15:00 a 22:30 h, vi. de 15:00 a 23:30 h, sá. de 14:00 a 24:00 h, do. de 14:00 a 23:00 h.* Desde 1980, «la» heladería de Sevilla.

Churros

20 **Bar El Comercio** - **E4** - *C/Lineros 9* - ✆ *670 82 90 53 - de lu. a vi. de 7:30 a 20:30, sá. hasta las 14:00 h.* Desde 1904 es el lugar obligatorio para degustar churros en el centro de la ciudad. Los españoles suelen comerlos para desayunar o merendar, acompañados de un espeso chocolate caliente. El local, decorado con azulejos y botellas antiguas, está siempre abarrotado.

Bar

25 **La Antigua Bodeguita** - **E4** - *Pl. del Salvador 6 - ✆ 954 56 18 33 - todos los días excepto do. de 12:00 a 23:30 h.* En una de las plazas más bellas de la ciudad, a la sombra de la hermosa iglesia barroca del Salvador, los sevillanos se reúnen para tomar una cerveza o un vaso de vino a la hora del aperitivo.

17 **La Cacharrería** - **F3** - *C/Regina 14* - ✆ *954 21 21 66 - de 9:00 a 21:00 h - cerrado en agosto.* Este local de moda es famoso por sus desayunos y meriendas. Parada perfecta antes de ir al mercadillo de los jueves por la mañana en calle Feria.

23 **Picalagartos** - **E5** - *C/Hernando Colón 7 - ✆ 660 45 11 44 - de 12:30 a 24:00 h (en agosto de 12:00 a 17:00 h,*

de vi. a do. hasta las 24:00 h). Junto a la catedral, este bar cubierto de azulejos es el punto de encuentro para desayunar o refrescarse con unas tapas a la hora de comer. Ambiente agradable y algo bohemio.

12 **Un Gato en Bicicleta** - **F4** - *C/Pérez Galdós 22 - ✆ 603 75 80 49 - de 9:30 a 14:00 y de 17:00 a 21:00 h (verano hasta las 18:00 h).* En un ambiente cuidado con ladrillo visto, mesas antiguas y molduras en el techo, este café-librería-galería ofrece desayunos, meriendas, compra de libros y obras de artistas locales.

15 **Café Vicentina** - **E3** - *C/José Gestoso 8 - ✆ 955 54 19 66 - caotica.es - de lu. a vi. de 10:00 a 14:00 y de 18:00 a 21:00 h, sá. de 10:00 a 14:00 h.* Situada en la segunda planta de la librería Caótica, esta cafetería permite hacer una agradable pausa mientras se hojea un cómic o un libro de arte.

4 **Ofelia Bakery** - *C/Huelva 5 - www.ofeliabakery.com - de ma. a sá. de 9:30 a 13:30 y de 16:30 a 20:00 h.* Esta acogedora cafetería-panadería sirve, con fondo de jazz, desayunos y meriendas de bollos, brioche, rollos de canela y otras especialidades de la casa (incluyendo algunas opciones veganas y sin gluten).

El Arenal

Plano del barrio pág. 41

Bar

7 **Bar Taquilla** - **D5** - *C/Adriano 24* - ✆ *607 61 41 12 - de lu. a vi. de 8:00 a 17:00 h, sá. de 12:30 a 17:00 h (más tarde los días de toros).* Este lugar, frecuentado principalmente por su café matinal, adquiere un ambiente

La pastelería La Campana.

especial durante las corridas de toros, cuando los aficionados pasan a tomar una copa de buen vino.

Pastelerías/heladerías

6 **Ambrosius** - **Plano del barrio pág. 30, ver mapa extraíble D4** - *C/Carlos Cañal 10 - ☏ 954 76 77 29 - www.ambrosius.es - de lu. a ju. de 9:00 a 14:00 h.* Esta pastelería elabora las mejores tartas de Sevilla. Sacher, tarta de queso, tarta tatin o strudel de manzana se preparan ante los ojos de los clientes, tras el cristal que separa el obrador de la tienda. Una vez que tengas tu delicia en la mano, siéntate en uno de los bancos de la plaza Nueva para disfrutarla.

Bar

9 **Bodega San José 1893** - *C/Adriano 10 - ☏ 641 41 94 11 - de ma. a sá. de 12:00 a 16:30 y de 20:00 a 24:00 h.* Este histórico lugar, recientemente renovado pero conservando su esencia, es idóneo para tomar una copa fría de manzanilla, ya sea en el interior o en la terraza.

Triana

Plano del barrio pág. 45

Bar

14 **El Embarcadero** - **Fuera del plano del barrio, ver el mapa extraíble D6** - *C/Betis 69 - ☏ 954 28 50 01 - www.abadestriana.com - de lu. a sá. de 20:00 a 24:00 h.* A este bar se accede por una escalera que baja a orillas del Guadalquivir. El servicio no es especialmente cálido y los precios son un poco más altos que en otros sitios, pero la ubicación lo convierte en un lugar encantador cuando hace buen tiempo.

Pastelerías/heladerías

24 Verdú - **Fuera del plano del barrio, ver el mapa extraíble B6** - C/Esperanza de Triana 3 - ☏ 954 33 17 11 - www.heladeriaverdu.es - de marzo a octubre de 12:00 a 1:00 h. Fuera de la ruta turística, esta conocida heladería artesanal, abierta en 1972, ofrece tentadores sabores.

8 Manu Jara - **C5** - C/Pureza 5 - ☏ 675 87 36 74 - manujara.com - de lu. a sá. de 9:30 a 15:30 h. Reputado pastelero de origen francés. Sus creaciones se inspiran en ambos lados de los Pirineos.

26 Rufino - **Fuera del plano del barrio, ver mapa extraíble D6** - C/Génova 2 - ☏ 954 01 43 46 - confiteriarufino.com - de 10:00 a 15:00 y de 16:00 a 20:00 h, fines de semana de 10:00 a 20:00 h. Esta pastelería abrió sus puertas en 1875 en Aracena, un pequeño pueblo de la sierra. En su sucursal sevillana ofrece las especialidades que la han hecho famosa, como el bizcocho de canela o las famosas yemas.

Alrededores del Parque de María Luisa

Mapa extraíble

27 Kiosco Abilio - **G8** - Avda de Don Pelayo (detrás de Pl. de América) - de 11:00 a 16:00 y de 20:00 a 23:30 h

- cerrado los lu. y 2 semanas en agosto. Montado para la Exposición Iberoamericana de 1929, este pequeño bar ha instalado sus mesas en el parque. Después de un paseo por él, es una gozada sentarse a tomar un café al sol.

Alrededores de la Alameda

Plano del barrio pág. 54

Bar

10 Café Piola - **E2** - Alameda de Hércules 57 - ☏ 954 37 71 91 - de 9:00 a 22:00 h. Famoso por sus desayunos, este café cuenta con una de las terrazas más populares de la Alameda. Durante el día se puede comer algo rápido o simplemente a tomar una copa al sol. DJ algunas noches.

11 Bulebar Café - **E3** - Alameda de Hércules 83 - ☏ 955 29 42 12 - de 19:00 a 2:00 h (hasta las 3:00 h vi. y sá.). Bajo la pérgola de su encantadora terraza es agradable sentarse a contemplar el ajetreo de los transeúntes durante una pausa de relax.

Pastelerías/heladerías

13 FresKura - **E2** - C/Vulcan 4 - ☏ 954 37 30 89 - www.freskura.com - de 12:00 a 1:00 h. Un italiano que prepara helados y otros postres al momento. Sorbetes según temporada.

21 Mr. Cake - **F3** - C/Feria 17 - ☏ 693 70 54 45 - de 11:00 a 13:30 y de 16:30 a 20:30 h - cerrado los lu. por la mañana y dos semanas en agosto. Esta pastelería-tetería prepara deliciosos pasteles (chocolate, papaya, tarta de queso, etc.), que podrás degustar mientras tomas un té frente a los grandes ventanales que dan a la calle. Muy agradable.

De compras

En el centro histórico abundan las tiendas de ropa y calzado, sobre todo en las calles Tetuán, Velázquez, plaza del Duque de la Victoria y **Sierpes**. Las calles que rodean la iglesia de El Salvador también son bastante comerciales: en la plaza del Pan y la calle Alcaicería encontrarás varias tiendas de bisutería.

Las tiendas de **diseño** se han multiplicado con el tiempo en torno a la calle Pérez Galdós. No dudes en sumergirte en este laberinto para descubrir todas las nuevas tendencias.

En el barrio de Los Remedios, en la orilla opuesta del Guadalquivir, las tiendas de marca se concentran en la calle Asunción; en el barrio de Nervión encontrarás dos grandes almacenes (El Corte Inglés y Nervión Plaza). En la antigua estación de Córdoba, en la plaza de Armas, hay un gran centro comercial.

Las tiendas suelen abrir de 10:00 a 14:00 y de 17:00 a 20:30 h, de lunes a sábado. Las del centro están abiertas todo el día, algunas cierran los sábados por la tarde y, salvo excepciones, siempre cierran los domingos.
En determinados días, hay numerosos **mercadillos** al aire libre: rastro en la calle Feria los jueves, los domingos, pintores frente al Museo de Bellas Artes, y filatelistas y numismáticos en la plaza del Cabildo.

☞ **Encontrarás las direcciones en el mapa extraíble y en los planos de los barrios por los puntos numerados (p. ej. ❶). Las coordenadas en rojo (p. ej. C2) se refieren al mapa extraíble (interior de la cubierta).**

Santa Cruz

Plano del barrio pág. 26

Antigüedades

❶ **Populart** - **F5** - *Pasaje de Vila 4 - ☎ 954 22 94 44 - www.popularstevilla.com - de 10:30 a 15:00 y de 17:00 a 21:00 h - do. noche cerrado.* Anticuario de cerámica popular de los siglos XVI y XX. Magnífica colección de azulejos, platos y jarras.

Arte

❹ - **Salomé Salazar** - **F5** - *C/Cruces 4 - ☎ 696 97 90 89 - de lu. a vi. de 10:00 a 13:00 h. y de 16:00 a 19:00 h, sá. de 11:00 a 14:00 h; verano de lu. a sá. de 11:00 a 14:30 h.* Esta joven pintora sevillana te recibe entre sus grabados de paisajes urbanos reelaborados al óleo, a veces representando Sevilla.

Muebles

⓬ **Arjé** - *Pasaje de Andreu 2 - ☎ 954 56 42 96 - arjedecoracion.com - de lu. a vi. de 11:00 a 14:00 y de 17:30 a 20:30 h, sá. de 11:00 a 14:00 h.* Los propietarios de esta tienda ofrecen vajillas, artículos de decoración, fragancias para el hogar e incluso una selección de joyas, en un espacio amplio en el corazón de Santa Cruz.

El Centro
Plano del barrio págs. 30-31

Especialidades culinarias

9 Convento de Santa Inés - F4 - *C/Doña María Coronel 5 - ✆ 954 56 31 45 - de lu. a sá. de 9:00 a 13:00 y de 16:00 a 18:30 h.* Las monjas de clausura de este convento del siglo XIV venden sus dulces a través del torno, el compás giratorio que permite comerciar manteniéndolas ocultas. Entre sus especialidades están los brioches, pestiños, tortas de aceite y los famosos bollitos de Santa Inés.

25 Botellas y Latas - E3 - *C/Regina 15 - ✆ 954 29 31 22 - de lu. a vi. de 10:00 a 14:00 y de 18:00 a 21:00 h, sá. de 10:00 a 14:00 h - cerrado las tres primeras semanas de agosto.* Esta tienda ofrece una excelente selección de productos marítimos y españoles procedentes del trabajo de pequeños productores: conservas, embutidos, quesos, etc. En la bodega, donde una gran parte de los vinos son andaluces, se pueden descubrir agradables sabores.

11 Inés Rosales - E5 - *Pl. San Francisco 15 - ✆ 954 22 72 81 - www.inesrosales.com - de 10:00 a 21:00 h.* Las tortas de aceite –una especie de bizcocho fino, crujiente y dulce, elaborado con aceite de oliva y aromatizado con anís– de esta casa forman parte del patrimonio gastronómico sevillano ¡desde 1910! La receta original se ha enriquecido con nuevas variantes: naranja, canela, limón y sin azúcar.

Grandes almacenes

6 El Corte Inglés - E4 - *Pl. del Duque de la Victoria 8 (tienda principal) y C/San Pablo 1 - ✆ 954 59 70 00 -*

www.elcorteingles.es - de lu. a sá. de 10:00 a 22:00 h. Los famosos grandes almacenes españoles tienen todo lo que puedas necesitar.

Arte y artesanía

7 Abanicos de Sevilla - E5 - *Pl. San Francisco 7 - ✆ 954 21 38 18 - www.abanicosdesevilla.net - de lu. a vi. de 10:00 a 20:30 h; sá. de 10:00 a 14:00 h.* Gran selección de abanicos, para todos los gustos y con variedad de precios. Otros dos puntos de venta: C/Sierpes 45 y 78.

34 Blasfor - E4 - *C/Sierpes 33 - ✆ 954 22 76 61 - www.juanforonda.com - de lu. a vi. de 10:00 a 13:30 y de 16:45 a 20:30 h, sá. de 10:15 a 14:00 y de 17:15 a 20:30 h.* Manteles, mantones de Manila, abanicos, castañuelas… En esta tienda, situada en la más típica de las calles comerciales, podrás encontrar ropa típicamente sevillana.

23 Coco Sevilla - G4 - *Pl. de Pilatos 2 - esquina C/Águilas, frente a la Casa de Pilatos - ✆ 657 29 94 70 - de 11:00 a 19:00 h - do. cerrado.* Cuatro artesanos, españoles y franceses, ofrecen pañuelos y abanicos pintados a mano y una gran selección de azulejos de varias épocas.

36 Tenderete - C/Ortiz de Zúñiga 17 - *✆ 654 63 93 68 - lu. y sá. de 10:30 a 14:00 h, de ma. a vi. de 10:30 a 14:00 y de 17:30 a 20:30 h.* Esta encantadora tienda pone de relieve la artesanía regional con una hermosa selección de piezas tradicionales e ingeniosas de cerámica y mimbre. Una declaración de amor por los objetos hechos a mano y los utensilios cotidianos.

13 Antigua Cerería Del Salvador - *C/Álvarez Quintero 6 - ✆ 954 22 65 23 - www.cereriadelsalvador.es - de lu. a sá.*

de 10:00 a 14:00 y de 17:00 a 20:30 h. Desde 1845, esta empresa de velas y cirios abastece a iglesias y cofradías de Sevilla durante las procesiones de Semana Santa. Si tienes intención de hacer una compra en esta tienda atemporal, decántate por las velas de cera 100 % virgen.

41 Janmei - *C/Águilas 8 - ✆ 687 16 21 87 - de lu. a vi. de 10:30 a 14:00 y de 17:00 a 20:00 h, fines de semana de 10:30 a 14:00 h.* Una selección de objetos para el hogar creados por diseñadores locales e inspirados en la artesanía andaluza: cabezas de toro de mimbre, cerámicas, cojines, lámparas...

Antigüedades

Si te gustan las antigüedades, en la **calle Acetres** (**E4**) encontrarás numerosos anticuarios.

Boutiques de moda

Se concentran en la zona peatonal de la calle Sierpes, cerca de la calle Campana. Además de las más famosas, encontrarás las *boutiques* de algunos diseñadores españoles que merecen una parada.

10 Sombrería Maquedano - **E4** - *C/Sierpes 40 - ✆ 954 56 47 71 - de 10:00 a 13:30 y de 17:00 a 20:30 h, sá. de 10:00 a 14:00 - do. cerrado.* Fundada en 1896, esta *boutique* forma parte del patrimonio de la ciudad. La decoración inalterada y la elección de modelos atemporales la convierten en una dirección preciosa, en un barrio invadido por marcas de ropa confeccionada.

20 La Importadora - **F4** - *C/Pérez Galdós 2 - ✆ 954 56 18 29 - de lu. a vi.*

de 10:30 a 14:00 y de 18:00 a 21:30 h, sá. de 11:00 a 14:00 h - horario variable en verano. Esta *boutique*-galería de moda ofrece exposiciones de artistas locales y una selección de ropa de jóvenes diseñadores y marcas independientes.

37 Verde Moscú - **F4** - *C/Ortiz de Zúñiga 5 - ✆ 955 19 97 77 - verdemoscu.com - de 17:30 a 21:00 h (ju. y vi. hasta las 20:30 h) - cerrado do. y 2 semanas en agosto.* Esta *boutique*-cooperativa crea ropa de moda de marcas que respetan el medio ambiente y los derechos de los trabajadores.

18 Isadora - **F4** - *C/Don Alonso el Sabio 11 - ✆ 954 22 27 50 - isadorashop.com - de lu. a vi. de 10:30 a 14:00 y de 17:00 a 20:30 h, sá. de 11:00 a 14:30 y de 17:00 a 20:30 h.* Una cuidada selección de ropa femenina de moda hace de esta boutique uno de los lugares favoritos de Sevilla.

Joyas

19 Le Voilà - **F4** - *C/Pérez Galdós 4 - ✆ 640 87 39 18 - levoila.es - de lu. a vi. de 11:00 a 14:00 y de 17:30 a 20:30 h (de 18:00 a 21:00 h en junio y julio), sá. de 11:00 a 14:00 h - cerrado en agosto.* Penélope te da la bienvenida a su tienda-atelier donde fabrica bisutería de moda. También encontrarás bolsos, auriculares y otros accesorios. Antes de marcharte, admira el encantador fresco del techo. Un lugar realmente fascinante.

Flamenco

35 Lina - **E4** - *C/Lineros 17 - ✆ 954 21 24 23 - www.lina1960.com - de lu. a sá. de 10:00 a 14:00 y de 17:00 a 20:30 h.* Las creaciones de esta auténtica institución sevillana, confeccionadas totalmente a mano, han vestido a miembros de la familia real y a estrellas de cine. Alta costura flamenca para la «gente común», dispone de una amplia selección de accesorios.

Música

42 Sevilla Records - *C/Amor de Dios 17 - ✆ 854 52 74 48 - de lu. a sá. de 10:00 a 14:00 y de 17:30 a 21:00 h.* Tantos vinilos como para perder la cabeza, organizados por estilos musicales. La oportunidad perfecta para encontrar el álbum que llevabas tiempo buscando.

Spa

31 Aire de Sevilla - **F5** - *C/Aire 15 - ✆ 919 03 22 14 - beaire.com - todos los días de 10:00 a 22:00 h, fines de semana desde las 9:00 h.* Un palacio del siglo xvi transformado en un suntuoso centro de bienestar y relajación. Alrededor del patio, los baños termales incluyen un *hammam*, una sauna y una piscina de agua caliente en un entorno digno del cuento de *Las mil y una noches*. Como último lujo, algunos tratamientos dan acceso al *jacuzzi* de la azotea, con impresionantes vistas de la ciudad desde la terraza.

El Arenal

Plano del barrio pág. 41

Especialidades culinarias

15 Ultramarinos Casa Moreno - **E5** - *C/Gamazo 7 - ✆ 954 22 83 15 - de 8:30 a 15:30 y de 19:00 a 22:30 h, sá. de 8:30 a 15:30 h - do. cerrado.* Una especie de cueva de Alí Babá donde

encontrarás vinos, conservas y embutidos. También hay un pequeño bar donde se sirven tapas caseras.

38 Oleoteca - **E5** - *C/García de Vinuesa 39 - ✆ 954 86 91 85 - www.oleotecasevilla.com - de lu. a vi. de 10:30 a 14:30 y de 17:30 a 20:00 h, sá. de 10:30 a 14:30.* El excelente aceite de oliva español está disponible en diversas variedades que podrás degustar antes de comprar.

Boutiques de moda

3 Padilla Crespo - **D5** - *C/Adriano 16 - ✆ 954 56 44 14 - de 10:30 a 14:30 y de 15:30 a 21:00 h, fines de semana de 11:00 a 15:00 y de 16:30 a 20:30 h.* Desde 1939, esta empresa viste con sus sombreros y complementos a los más bellos toreros y caballeros de Andalucía.

Artesanía

33 El Postigo - **E5** - *C/Arfe s/n - ✆ 954 56 00 13 - de lu. a vi. de 10:00 a 19:00 h, fines de semana de 10:00 a 20:00 h.* Este antiguo mercado cubierto se ha renovado para exponer y vender las creaciones de los artesanos locales. Los puestos están repletos de utensilios tradicionales de cerámica, joyería y marroquinería.

Antigüedades

2 Póster Félix - **E5** - *Pl del Cabildo 7 - ✆ 954 21 80 26 - www.posterfelix.com - de 10:00 a 15:00 y de 17:00 a 20:30 h, sá. de 10:00 a 18:00, do. de 10:00 a 15:00 h.* Bonita colección de carteles antiguos de temas variados. Algunas piezas excepcionales, originales y reproducciones a todos los precios.

Triana

Plano del barrio pág. 45

Mercado

17 **Mercado de Triana** - **C5** - *Pl. del Altozano* - 📞 *674 07 40 99 - www.mercadodetrianasevilla.com - de 8:00 a 18:00 h, do. de 9:00 a 18:00 h.* Ajetreado y pintoresco mercado los vi. y sá. a mediodía (excepto julio y agosto).

Cerámica

En el triángulo formado por la plaza Callao y las calles Antillano Campos y Alfarería, encontrarás talleres de alfareros y tiendas especializadas que transmiten la tradición del barrio.

Alrededores de la Alameda

Plano del barrio pág. 54

Mercados

16 **Mercado de Feria** - **F2** - *C/Feria 98 - de lu. a sá. de 9:30 a 15:00 h.* Este mercado no es grande, pero merece la pena visitarlo, sobre todo los sá., cuando bulle de gente del barrio.

30 **El Jueves** - **E2** - *C/Feria - en la primera parte de la calle, entre C/Castellar y C/Correduría - ju. de 9:00 a 14:00 h.* Antigüedades, ropa y objetos insólitos, todo ello inmerso en el ambiente popular típico del barrio. Para terminar la mañana como auténticos sevillanos, no olvides tomarte una cerveza bien fría en Casa Vizcaíno (C/Feria 27).

Boutique de moda

21 **Buffuna Hats** - **E4** - *C/Aceituno 6 - 📞 954 53 78 24 - de lu. a vi. de 10:30 a 14:00 h.* Patricia, una joven sombrerera formada en Londres, te da la

bienvenida a esta *boutique*-taller donde confecciona exquisitos sombreros y boinas de forma totalmente artesanal.

Antigüedades

39 **El Pianillo** - **F3** - *C/Feria 15 - 📞 954 90 42 02 - de lu. a vi. de 10:30 a 14:30 y de 18:00 a 21:30 h, sá. de 10:30 a 14:30 h.* La cultura andaluza es la protagonista en esta tienda: libros antiguos, carteles antiguos, azulejos, fotos, textiles, etc. Una visita obligada antes o después del mercadillo de los jueves por la mañana.

Arte y artesanía

40 **Las Exvotos** - **F2** - *C/Calle Castellar 33 - 📞 670 58 66 09 - www.theexvotos.com - de lu. a vi. con cita previa (teléfono o Instagram).* Daniel y Luciano son los *enfants terribles* de la creatividad sevillana. Lejos de los circuitos turísticos, su taller, un auténtico gabinete de curiosidades, es el escenario ideal para las piezas de cerámica que modelan a mano, mezclando cultura popular andaluza y espíritu mediterráneo.

Flamenco

8 **Flamenco y más** - **F2** - *C/San Luis 116 - 📞 954 90 87 07 - flamencoymas.com - de lu. a vi. de 10:00 a 14:00 y de 17:00 a 20:30 h, sá. de 10:00 a 14:00 h - do. cerrado.* Una tienda ineludible para los aficionados al flamenco (o los que deseen acercarse a este arte). Ropa, zapatos, libros y CD. ¡También encontrarás un tablón de anuncios con todos los escenarios y espectáculos disponibles en la ciudad!

Salir por la noche

La **Alameda de Hércules** siempre ha sido el lugar de fiesta de Sevilla. De mala fama durante mucho tiempo, esta gran plaza, casi totalmente peatonal, está ahora llena de bares y terrazas frecuentados durante todo el día (¡y la noche!), en un ambiente agradable. Gentrificada y de moda, la Alameda puede haber perdido su espíritu popular, ¡pero sigue siendo uno de los puntos de encuentro de las noches sevillanas! Además de en los alrededores de la Alameda de Hércules, las discotecas se concentran principalmente en los barrios de El Arenal, El Centro, Triana y a lo largo de la **calle Betis**. Encontramos numerosos locales de música alrededor de la **plaza de Alfalfa**, especialmente en la **calle Pérez Galdós** y hasta la **plaza San Marcos**, y alrededor de la Alameda.

☞ *Para más información sobre actos culturales, ver Información práctica/Prensa local, pág. 103, Información práctica/Eventos y espectáculos, pág. 108 y Celebraciones tradicionales, pág. 120.*

☞ **Encontrarás las direcciones en el mapa extraíble y en los planos de los barrios por los puntos numerados (p. ej. ❶). Las coordenadas en rojo (p. ej. C2) se refieren al mapa extraíble (interior de la cubierta).**

El Centro

Plano del barrio págs. 30-31

Locales de música

❹ **Urbano Comix** - **G3** - *C/Matahacas 3* - ☎ *954 21 03 87 - de 20:00 a 3:30 h, vi. y sá. de 19:00 a 4:30 h, do. de 19:00 a 3:30 h.* Una ambientación de cómics en este bar donde la música suena desde el jazz al rock. Aquí se celebran numerosos conciertos.

Discotecas

❺ **Garlochí** - **F4** - *C/Boteros 26 - de 21:00 a 3:00 h.* Imperdible, un marco barroco con un ambiente místico-religioso donde saborear un cóctel. ¿Sacrilegio? Más bien el reflejo de una ciudad que mezcla lo sagrado y lo profano de una forma única.

Marcus Lindstrom/Getty Images Plus

Vida nocturna de Sevilla.

El Arenal
Plano del barrio pág. 41

Cócteles
6 Le XIX - E5 - *C/Tomás de Ibarra 9 - ☎ 954 22 26 98 - de lu. a vi. de 8:00 a 13:30 y de 16:30 a 2:00 h, fin de semana de 16:00 a 3:00 h (hasta las 24:00 h el do.). Sillones, carteles de cine, estanterías llenas de botellas... Ambiente refinado y acogedor para saborear un cóctel preparado a la perfección. DJ los fines de semana.*

Triana
Plano del barrio pág. 45

Cócteles
11 La prensa de Triana - *C/Betis 8 - ☎ 682 45 42 66 - de 15:00 a 2:00 h. Al final de la emblemática calle Betis, esta coctelería refinada pero informal goza de una espléndida vista del Puente de Triana y la Giralda, al otro lado del río.*

Alrededores de la Alameda
Plano del barrio pág. 54

Discotecas
12 Habanilla Café - E2 - *Alameda de Hércules 63 - de 11:00 a 3:00 h. En el extremo norte de la Alameda, este bar, junto con el vecino Café Central, es un gran clásico para la primera copa de la noche. Al fin y al cabo, las terrazas de los dos establecimientos comparten este pequeño cruce las tardes de fin de semana.*

10 Taberna Ánima - D3 - *C/Miguel Cid 80 - ☎ 954 38 67 08 - de ma. a do. de 21:30 a 3:00 h, cerrado julio y agosto. Este bar-galería con vocación cultural,* instalado en los bajos de una antigua casa sevillana decorada con azulejos, programa conciertos dos días a la semana.

Discotecas
7 Sala Malandar - Fuera del plano del barrio, ver el mapa extraíble D2 - *Avda. Torneo 43 - www.salamalandar.com - de ju. a sá. desde las 22:00 h.* La programación de esta discoteca es variada: disco, electro, flamenco... Se organizan conciertos.

8 Fun Club - E2 - *Alameda de Hércules 86 - www.funclubsevilla.com - ju. de 23:00 a 6:00 h, vi. y sá. de 21:30 a 7:00 h - conciertos algunas noches de 21:00 a 24:00 h.* En este disco-pub (DJ, pista de baile, música de varios géneros) se celebran a menudo conciertos a primera hora de la noche.

13 Obbio - E3 - *C/Jesús del Gran Poder 73 - ☎ 692 52 90 93 - obbio.club - vi. y sá. de 23:00 a 7:00 h.* La discoteca más *trendy* de Sevilla ocupa el local de un antiguo pub de los años 70 que conserva todo el *kitsch* de la época (bola de espejos, espejos, sofás). Encontrarás fans de las últimas tendencias, gente sofisticada y alternativa... También hay música variada (éxitos de los años 80, 90 y actuales).

1 Ítaca - E3 - *C/Amor de Dios 31- de 23:00 a 5:00 h.* Abierta desde 1979, esta discoteca LGBT se mantiene al día abriéndose a todo el mundo y haciendo bailar a sus asiduos al ritmo de reguetón y éxitos actuales. Varias salas y un ambiente agradable. Para los que les gusta bailar hasta el amanecer.

Flamenco

Sevilla, y en particular el barrio de **Triana**, es una de las cunas del flamenco, un arte popular que se ha convertido en erudito. Los artistas actúan tanto en la calle como en prestigiosos escenarios internacionales. Definir el flamenco sigue siendo difícil, por no decir imposible. Para acercarse a él, existen varias posibilidades. Los tablaos, una especie de cabaret flamenco **destinado sobre todo a los turistas**, ofrecen espectáculos todas las noches en los que hay al menos un trío (voz, guitarra, baile). Las peñas y clubes **flamencos** organizan veladas flamencas algunos días de la semana: ¡aquí es donde sentirás vibrar en el aire la verdadera alma flamenca!

☞ **Encontrarás las direcciones en el mapa extraíble y en los planos de los barrios por los puntos numerados (p. ej. ①). Las coordenadas en rojo (p. ej. C2) se refieren al mapa extraíble (interior de la cubierta).**

Santa Cruz

Plano del barrio pág. 26

② **Tablao Los Gallos** - **F5** - *Pl. Santa Cruz 11 - ✆ 954 21 69 81 - www.tablaolosgallos.com - espectáculos a las 19:00 y a las 20:45 h - 35 € con consumición.* Idealmente situado en el corazón del barrio de Santa Cruz, este es el tablao más antiguo de Sevilla. Aunque el lugar es turístico, los espectáculos siguen siendo de calidad, interpretados por artistas experimentados. Un gran clásico.

⑦ **Casa de la Guitarra** - **F5** - *C/Mesón del Moro 12 - ✆ 954 22 40 93 - www.casadelaguitarra.es - 2 espectáculos al día a las 19:30 y a las 21:00 h - 18 €.* A dos pasos de la catedral, en una casa del siglo XVIII, este centro cultural fue fundado por un reconocido guitarrista. Los espectáculos, de gran calidad, se desarrollan en una sala íntima y van acompañados de explicaciones verdaderamente instructivas. Pequeño museo dedicado a la guitarra (*gratis*).

El Centro

Plano del barrio pág. 30

① **Casa de la Memoria** - **E4** - *C/Cuna 6 - ✆ 954 56 06 70 - www.casadelamemoria.es - actuaciones a las 19:30, 21:00, y algunas tardes a las 18:00 h - 22 €.* En un magnífico espacio podrás escuchar flamenco en su forma más auténtica. Cada noche un espectáculo diferente ofrece cante, baile y guitarra con los mejores artistas sevillanos. Hay que llegar pronto para conseguir buenos asientos.

④ **Espacio Turina** - **E4** - *C/Laraña 4 - cerca de pl. de la Encarnación - ✆ 955 471 422 - taquilla y teléfono en el Teatro Lope de Vega.* Conciertos de flamenco algunas noches.

⑤ **La Carbonería** - **F5** - *C/Céspedes 21 - ✆ 954 22 99 45 - de 19:00 a 24:00 h - actuaciones a las 20:30, 21:30 y 22:30 h - entrada gratuita.* Uno de los escenarios más conocidos y turísticos de Sevilla, ubicado en un antiguo almacén de carbón. Espectáculos de calidad imprevisible. Bonito patio verde y bebidas a bajo precio.

⑨ Museo del Baile Flamenco - **F4** - *C/Manuel Rojas Marcos 3 - ☎ 954 34 03 11 - museodelbaileflamenco.com - 3 espectáculos al día a las 17:00, 19:00 y 20:45 h - 25 €.* Este museo dedicado al flamenco se convierte por la noche en el lugar ideal para disfrutar de un espectáculo tradicional en el patio central.

El Arenal

Plano del barrio pág. 41
Calle Arfe - **DE5** -Todas las noches, pero especialmente los jueves y viernes, podrás disfrutar de espectáculos improvisados en los que los clientes habituales cantan y bailan en los bares de esta calle situada entre el estadio y la catedral. Mención especial para el bar **Casa Matías** *(nº 11)*, verdaderamente auténtico.

Triana

Plano del barrio pág. 45
⑩ Lo Nuestro - **C5** - *C/Betis 31A - ☎ 658 80 90 03 - espectáculos de ma. a do. a partir de las 23:00 h.* Convenientemente situado frente al río, este bar se anima algunas noches gracias a los cantes y bailes improvisados de los clientes.

③ Teatro Flamenco Triana - **D6** - *C/Pureza 76 - ☎ 611 00 23 30 - www.teatroflamencotriana.com - actuaciones a las 19:30 y 21:00 h - 25 €.* Este escenario, gestionado por la prestigiosa Fundación Cristina Heeren, se llena cada noche con artistas que dominan su arte en un

ambiente que recuerda a los cafés cantantes del siglo XIX.

Alrededores del Parque de María Luisa

Plano extraíble
⑬ Teatro Lope de Vega - **F7** - *Avda. María Luisa - ☎ 955 47 28 28.* Espectáculos de baile y conciertos, especialmente durante la Bienal del Flamenco. Sin duda el mejor lugar para escuchar auténtico flamenco.

Alrededores de la Alameda

Plano del barrio pág. 54
⑭ Peña Torres Macarena - **F1** - *C/Torrijiano 29 - ☎ 605 93 12 54 - www.peñaflamencatorresmacarena. com - funciones los mi. y algunos vi. a las 21:30 h - programación en la web.* Desde 1974 esta peña desarrolla una actividad dinámica con el objetivo de proteger la cultura flamenca. Los espectáculos y tertulias crean un ambiente auténtico, difícil de encontrar en un tablao. A su vez, el agradable patio es el marco ideal para tomar una copa antes o después del espectáculo.

Isla de la Cartuja

Mapa extraíble
⑫ Teatro Central - **D1** - *C/José de Gálvez 6 - ☎ 955 54 21 55 - www.junta deandalucia.es/cultura/ teatros/teatro-central.* Moderna construcción realizada con motivo de la Exposición Universal de 1992, ofrece una programación teatral y musical de vanguardia, cuyos intérpretes son las principales compañías extranjeras del sector. Interesantes ciclos flamencos.

 Dónde dormir

La temporada alta corresponde a los meses de marzo, abril, mayo, septiembre y octubre. Las temporadas extra (temporadas excepcionales) son las de la **Feria de Abril** y **Semana Santa**, en las que la mayoría de los lugares aumentan los precios entre un 50 y un 150 %.

Muchos hoteles no ofrecen desayuno. Casi todos los alojamientos ofrecen conexión Wi-Fi gratuita.

⌖ Encontrarás las direcciones en el mapa extraíble y en los planos de los barrios por los puntos numerados (p. ej. ❶). Las **coordenadas en rojo** (p. ej. **C2**) se refieren al mapa extraíble (interior de la cubierta).

Santa Cruz

Plano del barrio pág. 26

Menos de 70 €

26 Pensión San Benito Abad - **G5** - Callejón Canarios, 4 - ☎ 696 58 46 39 - ▤ - ⓟ 20 €/día - 🛜 - 13 habitaciones 90 €. Situada al final de una calle sin salida, en pleno barrio de Santa Cruz, esta pensión ofrece habitaciones bien cuidadas, cinco de ellas con baño, y dos pisos (uno para dos personas y otro para tres).

4 Pensión Córdoba - **F5** - C/Farnesio 12 - ☎ 954 22 74 98 - ▤ ♿ 🛜 - 11 habitaciones 60/85 €. Pensión situada en una pequeña calle del barrio, tiene un bonito patio. Habitaciones cuidadas y excelente acogida.

9 Pensión Doña Trinidad - **G5** - C/Archeros 7 - ☎ 954 54 19 06 - www.donatrinidad.com - ▤ 🛜 - 16 habitaciones desde 65 €. En una calle tranquila del barrio de la Judería, esta pensión dispone de todas las comodidades modernas (camas confortables y baños impecables).

De 70 a 100 €

1 Hotel Amadeus Sevilla - **F5** - C/Farnesio 6 (recepción) y C/San José 10 - ☎ 954 50 14 43 - www.hotel amadeussevilla.com - ▤ - ⓟ 25 €/día - 🏊 🛜 - 42 habitaciones 150/180 € - ☕ 14 €. Una serie de palacios del siglo XVIII han sido convertidos en hotel. La decoración sigue la temática de la música clásica y realza la arquitectura original. En el encantador patio se celebran conciertos de música de cámara. El hotel también dispone de una hermosa terraza con vistas a la Giralda y la catedral.

29 TOC - **E5** - C/Miguel de Mañara 18-22 - ☎ 954 50 12 44 - www.tochostels.com - ▤ ✕ ♿ 🛜 - 21 habitaciones 98 € - ☕ 6 €. A dos pasos de la catedral, este albergue de lujo atrae a una clientela variada. Elegantes dormitorios, habitaciones dobles y suites, todas con baño privado.

Más de 100 €

31 Apartamentos Los Venerables - **F5** - C/Consuelo 2 - ☎ 633 50 90 29 - ▤ ♿ 🛜 - 7 pisos (uno de los cuales *es un dúplex con terraza privada) unos 350 €.* Esta típica casa sevillana en una callejuela escondida alberga pisos turísticos. El patio, con su verja de hierro forjado, su naranjo y sus geranios, es un oasis de paz. Los pisos cuentan con mobiliario de diseño contemporáneo. Terraza con tumbonas en la última planta.

23 Casas de la Judería - F5 - *C/Santa María la Blanca 5 -* ✆ *954 41 51 50 - www.lascasasdelajuderiasevilla.com -* 🖥 - 🅿 *24 €/día -* 🏊 🛜 - *27 habitaciones 145/265 €.* Un auténtico barrio dentro de un barrio, este famoso hotel ocupa un conjunto de antiguas casas sevillanas unidas por pasadizos y patios bellamente restaurados.

El Centro
Plano del barrio pág. 30

Menos de 70 €
22 Oasis Hostel Sevilla - E4 - *C/Compañía 1 -* ✆ *955 22 82 87 - www.oasissevilla.com -* 🖥 🏊 🛜 - *48 plazas 17/23 €.* Este albergue juvenil ocupa dos edificios bien situados cerca de la plaza de la Encarnación. Es atractivo por sus precios e innumerables puntos fuertes: dormitorios de 4, 6 y 8 camas con baño central, suministro de toallas, lavadora y cocina, minipiscina, internet gratuito y dos pequeñas terrazas.

14 Hostal Paco's - D4 - *C/Pedro del Toro 7 -* ✆ *954 21 71 83 - www.hostal-pacos.com -* 🖥 🛜 - *15 habitaciones 50/65 €.* Habitaciones muy limpias aunque algo pequeñas (2 o 3 camas), organizadas en tres niveles alrededor de un bonito patio. Buena

relación calidad-precio. No hay opción de desayuno.

21 Bed and Breakfast Naranjo - D4 - *C/San Roque 11 -* ✆ *954 22 58 40 - www.bandbsevilla.com -* 🖥 🛜 - *25 habitaciones 124/212 €* 🛏. Encantador edificio en tonos anaranjados, alberga una pensión desde hace más de cien años. Las habitaciones son confortables, aunque no están insonorizadas. Cálida acogida.

2 Hostal Atenas - F4 - *C/Caballerizas 1 - señalizado desde pl. de San Ildefonso -* ✆ *954 21 80 47 - www.hostal-atenas.com -* 🖥 🛜 - *17 habitaciones 76/124 €.* Entre las plazas de Pilatos y San Leandro, este encantador hotel está escondido al final de una tranquila avenida rodeada de vegetación. Habitaciones confortables, cuidadas y tranquilas. Las mejores son las de la segunda planta, con terraza compartida.

11 Hostal Museo - D3 - *C/Abad Gordillo 17 -* ✆ *954 91 55 26 - www.hommuseo.com -* 🖥 🛜 - *11 habitaciones 104/210.* A 200 m del Museo de Bellas Artes, esta casa del siglo XIX alberga un hotel tranquilo y confortable. El personal es servicial y acogedor y las habitaciones, impecablemente cuidadas, dan todas al exterior. Una dirección excelente y sin pretensiones.

10 Hotel Sevilla - E3 - *C/Daoiz 5 -* ✆ *954 38 41 61 - www.hotelsevillaweb.es -* 🖥 🛜 - *27 habitaciones 91/125 €* 🛏. Hotel tranquilo bien situado en una agradable placita, cerca del Palacio de la Condesa de Lebrija, con un encantador patio andaluz.

De 70 a 100 €

30 Hotel Posada del Lucero - **F4** - *C/Almirante Apodaca 7 - ☎ 954 50 24 80 - www.hotelposadadellucero.es - 🖥 📶 - 53 habitaciones 209/363 €.* Posada del siglo XVI convertida en un refinado hotel de diseño, con un patio donde disfrutar del tiempo. Pequeña piscina y bar de cócteles en la última planta. Una garantía en el centro de la ciudad.

3 Casa del Buen Viaje - **G4** - *C/Cristo del Buen Viaje 12-14 - ☎ 954 21 33 90 - 📶 - 10 habitaciones 65 €.* Cerca de las plazas Pilatos y Alfalfa, esta casa de vacaciones está dirigida por una señora francesa. El espléndido patio con cascada y plantas verdes, las habitaciones con baño, cuadros antiguos y preciosos muebles lo convierten en un alojamiento encantador. Posibilidad de alquilar la casa entera (para 19 personas).

Más de 100 €

19 La Casa del Maestro - **F4** - *C/Niño Ricardo 5 - ☎ 954 50 00 07 - www.lacasadelmaestro.com - 🖥 📶 - 11 habitaciones 87/135 € 🍽 17 €.* Hotel con indiscutible encanto donde vivió el guitarrista Niño Ricardo. Ubicado en una casa de finales del siglo XIX, dispone de patio y encantadoras habitaciones con un cuidado mobiliario.

El Arenal

Plano del barrio pág. 41

De 70 a 100 €

27 Hotel Simón - **E5** - *C/García de Vinuesa 19 - a 50 m de la catedral - ☎ 954 22 66 60 - www.hotelsimonsevilla.com - 🖥 📶 - 33 habitaciones 58/134 € 🍽 10 €.*

Ubicado en una casa del siglo XVIII a un paso de la catedral, este hotel tiene un encanto indiscutible, debido en parte a su hermoso patio, su encantador salón y sus sobrias y elegantes habitaciones. ¡Se recomienda reservar!

32 Las Casas del Arenal - **D5** - *C/Castelar 14/16 - ☎ 955 28 00 14 - www.casasdeelarenal.com - 🖥 📶 - 30 habitaciones 170/378 €.* Este hotel nace de la unión de dos casas sevillanas del siglo XVIII. Impregnado de espíritu andaluz, cuenta con dos encantadores patios, una espléndida terraza en la última planta y habitaciones elegantemente amuebladas.

Más de 100 €

28 Hotel Taberna del Alabardero - **D5** - *C/Zaragoza 20 - ☎ 954 50 27 21 - www.tabernadelalabardero.es - 🖥 - 7 habitaciones - 🍽 - 🍴.* Este hotel de lujo, en la casa natal del poeta Juan Antonio Cavestany (1861-1924), ofrece habitaciones con encanto. La casa del siglo XIX alberga también la Escuela de Hostelería de Sevilla.

Triana

Plano del barrio pág. 45

Menos de 60 €

5 Albergue Triana - **C6** - *C/Rodrigo de Triana 69 - ☎ 954 45 99 60 - www.trianahostel.com - 🖥 📶 - dormitorios 17 € y 3 habitaciones 38 € - 🍽.* Este albergue ocupa una antigua casa típica sevillana. Alrededor de un patio cubierto de azulejos se encuentran las habitaciones dobles y los dormitorios de 4, 6 y 10 plazas. Habitaciones limpias y funcionales, una encantadora terraza con hamacas y *jacuzzi*, servicio de

Hotel Sacristía de Santa Ana.

alquiler de bicicletas (5 € al día) y una cocina a disposición de los huéspedes.

Alrededores de la Alameda

Plano del barrio pág. 54

Menos de 70 €

16 Hostal Macarena - **F2** - *C/San Luis 91* - ℘ *954 37 01 41* - ▤ 🛜 - *19 habitaciones 80/90 €.* Buen alojamiento con vistas a la plaza Pumarejo. Las habitaciones son bastante cómodas y están bien cuidadas, y algunas tienen baño compartido. Cálida acogida.

De 70 a 100 €

20 Hotel San Gil - **F2** - *C/Parras 28* - ℘ *954 90 68 11* - *www.hotelsangil.es* - ▤ ✕ 🏊 ♿ 🛜 - *85 habitaciones 185/208 €.* Esta mansión de principios

del siglo xx alberga un confortable hotel con jardín, patio y piscina en la azotea. Excelente relación calidad-precio.

33 Sacristía de Santa Ana - **E3** - *- Alameda de Hércules 22 -* ℘ *954 91 57 22 -* *www.hotelsacristia.com* - ▤ ✕ 🛜 - *23 habitaciones 80/120 €.* Este hotel *boutique*, ubicado en una mansión reformada del siglo xviii, combina el encanto del viejo mundo con el confort moderno. Bonito patio y servicio atento.

34 Alcoba del Rey de Sevilla - **F2** - *C/Bécquer 9* - ℘ *954 91 58 00* - *www.alcobadelrey.com* - ▤ 🛜 - *15 habitaciones 85/120 € ☕.* Este hotel presume de la herencia árabe y oriental de Sevilla. Las habitaciones, algunas con jacuzzi, son amplias y limpias.

INFORMACIÓN PRÁCTICA

Plaza de España, pabellón principal de la Exposición Iberoamericana de 1929.
A. Spani/hemis.fr

Planificar el viaje

Trámites de entrada

Documentos de identidad - Para los ciudadanos de la UE y suizos, basta con un documento de identidad o pasaporte válidos.

Ir en avión

Los precios varían mucho en función del período y, sobre todo, del tiempo transcurrido entre la compra del billete y el vuelo.

Ryanair - www.ryanair.com. Vuelos directos desde Barcelona, Valencia, Palma de Mallorca, Santiago de Compostela e Ibiza.

Iberia - www.iberia.com. Vuelos directos desde Bilbao, Pamplona, Santander, Valencia, Alicante, Ibiza, Madrid, Asturias, Tenerife, Barcelona, A Coruña, Palma de Mallorca o Vigo.

Ir en tren

Conexiones con un tren de alta velocidad desde Madrid, Barcelona o Valencia a través de AVE, Iryo y Ouigo.

Renfe - ✆ 912 320 320 (desde España) - www.renfe.com. Red Nacional de Ferrocarriles.

Dinero

✆ *Bancos pág. 100 y Números de emergencia pág. 103.*

Moneda - Euro.

Cajeros automáticos: se encuentran en casi todas partes. Muchos hoteles (y algunos hostales), restaurantes y tiendas aceptan tarjetas de crédito. Consulta con tu banco los cargos que aplican por pagos y retiros en el extranjero.

Cuándo ir

La primavera y el otoño son las mejores épocas para visitar la ciudad. En **primavera** las temperaturas son suaves y la naturaleza sigue floreciendo. El mes de abril, durante el cual se celebra la Semana Santa, corresponde a la temporada turística más alta y cara y es difícil, si no imposible, encontrar una habitación libre a última hora. La Feria también atrae a mucha gente: consulta el calendario (⌾ *Eventos y espectáculos pág. 108)* y reserva tu alojamiento con mucha antelación. En **verano** el calor es abrasador y agobiante, mientras que el **otoño** es una estación tranquila y agradable.

El **invierno** en Sevilla es bastante suave, pero en Navidad se produce una gran afluencia de turistas.

Pronóstico del tiempo local - www.aemet.es.

Oficinas de turismo en Sevilla

Oficina Regional de Turismo del Aeropuerto de Sevilla (a la llegada, junto a la cinta transportadora de equipajes) - ✆ 954 782 035 - www.andalucia.org - de lu. a vi. de 9:00 a 19:30 h, fines de semana y festivos de 9:30 a 15:00 h.

Oficina Regional de Turismo en la estación de Santa Justa - ✆ 954 782 002 - www.andalucia.org - de lu. a vi. de 9:00 a 15:00 h, fines de semana y festivos de 9:30 a 15:00 h.

Oficina de Turismo de la ciudad - Paseo Alcalde Marqués del Contadero - ✆ 955 471 232 - www.visitasevilla.es - de lu. a vi. de 9:00 a 19:30 h, fines de semana y festivos de 10:00 a 14:00 h.

Oficina de Turismo de la Provincia de Sevilla - Plaza del Triunfo 1 - ✆ 954 787 578 - www.turismosevilla.org - todos los días de 9:00 (9:30 los fines de semana y festivos) a 19:30 h.

Páginas Web

www.museosdeandalucia.es/web/museosdeandalucia: sitio que enumera los museos andaluces y presenta sus obras.

www.labienal.com: sede de la Bienal de Flamenco de Sevilla.

www.spain.info: portal oficial del turismo español con información práctica y mucho más.

Tu estancia de la A a la Z

Bancos

☞ *Dinero pág. 98 y Horarios pág. 102.*
Hay muchos bancos y cajeros automáticos en la zona peatonal, así como en la plaza Nueva, la avda. de la Constitución, la avda. Menéndez Pelayo y, en Triana, en la calle San Jacinto.

Bicicletas

Es una alternativa agradable a otros medios de transporte porque en Sevilla no hay desniveles. Hay pocos coches en las calles y cada vez más carriles bici.

Sevici - ☏ 900 900 722 - www.sevici.es. Servicio municipal de alquiler de bicicletas con numerosas estaciones por toda la ciudad. Recepción en el Edificio Laredo, plaza de San Francisco, de lu. a ju. de 10:00 a 14:00 y de 15:00 a 19:00 h, vi. de 9:00 a 16:00 h; julio y agosto de lu. a ju. de 8:00 a 16:00 h, vi. hasta las 15:00 h.
Abono de corta duración - 7 días (13,33 € con un depósito de 150 €). Los primeros 30 min son gratis, la siguiente media hora cuesta 1,03 € y después 2,04 €/hora. Para registrarse, solo tienes que descargar la aplicación SEVICI en tu teléfono y seguir las instrucciones.
Hay varias **empresas de alquiler de bicicletas** en la ciudad, que las entregan directamente en tu hotel. Algunas también tienen un puesto en el Parque de María Luisa.

Cyclotour - Paseo Catalina de Ribera s/n - ☏ 954 689 666 - www.cyclotour.es 4 € por 1 h, 12 € por 3/5 h, 15 € por 6/8 h.
Organiza visitas guiadas.
Bici4City - Calle Antonio Susillo 41 - ☏ 954 229 883 o 954 389 383 - bici4city.com - 4 € por 1 h, 8 € por 3 h, 15 € por 24 h.
Ofrece visitas con audioguía.
Rentabikesevilla - Plaza Santa Cruz - ☏ 954 118 228 - www.rentabikesevilla.com. 12 € el primer día, 9 € los días siguientes (bicicletas plegables). Descuentos por Internet.

City Expert

Una opción ventajosa si deseas visitar Sevilla: por 24 o 48 h (23 y 37 € respectivamente), esta tarjeta ofrece diversos descuentos y permite acceder a los autobuses turísticos, a las visitas guiadas de la ciudad y a algunos monumentos. Puedes adquirirla en Internet o en el centro de recepción de la avenida de la Constitución.
☞ *cityexpert.travel.*

Días festivos

☞ *Eventos y espectáculos pág. 108.*
1 Enero - Año Nuevo.
6 Enero - Epifanía.
28 Febrero - Día de Andalucía.
Marzo o abril (fechas variables) - Jueves Santo y Viernes Santo.
1 Mayo - Día del Trabajo.

30 Mayo - San Fernando, patrón de Sevilla.

Mayo o junio - Corpus Christi, 60 días después de Pascua.

15 Agosto - Asunción.

12 Octubre - Fiesta Nacional de España.

1 Noviembre - Día de Todos los Santos.

6 Diciembre - Día de la Constitución.

8 Diciembre - Inmaculada Concepción.

25 Diciembre - Navidad.

Electricidad

Las características de la red eléctrica son 220 V y enchufes tipo C y F (con dos agujeros redondos).

Horarios

Bancos - De lu. a vi. de 8:00 a 14:30 h. Algunos bancos también abren los sá. por la mañana.

Oficinas de correos - Generalmente, de lu. a vi. de 8:30 a 20:30 h, sá. de 9:30 a 13:00 h.

Oficinas y comercios - Normalmente de 9:00 a 13:30-14:00 h y de 16:30-17:00 a 20:00-21:00 h, a veces más tarde.

Restaurantes - Suelen abrir de 13:00 a 16:00 y de 21:00 a 24:00 h. Los bares de tapas respetan franjas horarias más amplias y abren más temprano por la mañana.

Museos, monumentos y yacimientos arqueológicos - Suelen abrir de 10:00 a 20:00-21:00 en invierno (cierran a las 17:00 en verano). El día de cierre semanal suele ser el lu. y el horario se reduce los do. y festivos. Todos cierran el 1 de enero y el 25 de diciembre, muchos también el 6 de enero, el

Viernes Santo y el 1 de mayo.

A veces las iglesias respetan el mismo horario que las tiendas, pero la mayoría de las veces solo abren durante las horas de misa, anunciadas en la puerta o en la oficina de turismo.

Internet

Algunos cibercafés de la ciudad, a menudo asociados a locutorios, ofrecen precios baratos para llamadas internacionales.

El Ayuntamiento de Sevilla ha habilitado un servicio gratuito (1 h) de acceso a Internet. Edificio Laredo, plaza San Francisco 19 - de lu. a vi. de 10:00 a 14:00 y de 17:00 a 20:00 h. Muchos bares ofrecen Wi-Fi a cambio de consumiciones.

Medios de comunicación

Periódicos nacionales

El País - Fundado en mayo de 1976, seis meses después de la muerte del general y dictador Francisco Franco, es el periódico nacional más leído. Se sitúa en el centro-izquierda. www.elpais.es.

El Mundo - Este periódico de centro-derecha es el segundo diario generalista más difundido en España. A veces es criticado por la vaguedad de su línea editorial y política, que sin embargo permite diversos puntos de vista. www.elmundo.es.

ABC - Creado en 1903, este diario conservador y monárquico es muy famoso por su sección cultural. Tiene una edición local en Sevilla. www.abc.es.

Números de emergencia
Policía - 📞 091 (Policía) o 062 (Guardia Civil).
Bomberos y **Emergencias** - 📞 112.
Cruz Roja - 📞 954 376 613.

Pérdida de tarjeta de crédito
American Express -
📞 900 814 500.
Eurocard Mastercard -
📞 900 971 231.
Visa internacional -
📞 900 991 124.

Prensa local

El **Diario de Sevilla** cubre la actualidad de la ciudad y la provincia.
Además, la revista mensual **El Giraldillo** (*www.elgiraldillo.es*) es la Biblia de los acontecimientos culturales de Sevilla y su comarca. Se distribuye gratuitamente en las oficinas de turismo y en algunos bares.

Televisión

Las principales cadenas nacionales son La 1 y La 2 (de RTVE, públicas), Antena 3, Tele 5, Cuatro y La Sexta. **Canal Sur** y **Canal Sur 2** son dos cadenas autonómicas andaluzas. La primera es generalista; la segunda está más orientada a la cultura y el turismo.

Oficinas de correos

☞ *Horario de apertura pág. 102.*
Puedes encontrar (sellos) en las oficinas de correos y en los estancos. Enviar una postal a Europa cuesta 1,65 €, mientras que un paquete de menos de 250 g cuesta 12,07 € (servicio Paquete Internacional Light). En la oficina de correos también está disponible un servicio exprés (EMS Postal Express).
Correos (oficina principal) - Avda de la Constitución 32 (a 100 m de la catedral) - de lu. a vi. de 8:30 a 20:30 h, sá. de 9:30 a 13:00 h. Saca tu número en la entrada.

Personas con discapacidad

Varios folletos recogen las ofertas disponibles para personas con discapacidad motriz en España (actividades, alojamientos, monumentos, etc.).
Sevilla es una ciudad relativamente llana, con muchas calles peatonales, a menudo pavimentadas. Las aceras son anchas y están provistas de rampas, excepto en el centro de la ciudad, donde las calles son más estrechas.
El **transporte** (autobús, tranvía y metro) es accesible para usuarios en silla de ruedas.
Taxis adaptados: 📞 658 90 42 89 - www.eurotaxisevilla.com
La mayoría de las empresas especializadas pueden adaptar sus visitas guiadas por la ciudad y sus monumentos a las personas con movilidad reducida.

Propinas

En restaurantes y bares el servicio suele estar incluido en la cuenta. No obstante, dejar una propina siempre puede ser una buena idea, sobre todo si has disfrutado de la comida (del 5 al 10 %). Aunque no te lo pidan explícitamente, los taxistas aprecian este gesto. Lo mismo ocurre en las gasolineras, donde a menudo te atienden.

Restauración

⌾ Horarios arriba, en Nuestras direcciones/Dónde comer pág. 66 y Para saber más/Gastronomía pág. 123.

La mayoría de los establecimientos son a la vez **bares de tapas** y **restaurantes**: este es uno de los aspectos más atractivos de Andalucía, ya que te permite comer según tu presupuesto. Los establecimientos se componen normalmente de tres zonas: la barra, un espacio junto a la barra para sentarse con los amigos o la familia y compartir **raciones** de manera informal y, por último, una sala independiente con mesas puestas y servicio de mesa, donde se pueden comer los verdaderos platos cocinados. En la mesa siempre se paga 1 o 2 € por el pan y las aceitunas. Por las noches la gente se siente atraída sobre todo por las tapas y las raciones, de hecho encontrarás más gente en la zona del bar que en el salón.

Al mediodía, en cambio, a los sevillanos les gusta comer como es debido, por lo que muchos restaurantes ofrecen menús del día muy económicos. También hay pequeños bares solo de tapas, a menudo especializados (marisco, pescaíto frito, embutidos...) y algunos raros restaurantes sin rincón de barra ni tapas.

Tabaco

Está estrictamente prohibido fumar en lugares públicos cerrados, lugares de trabajo, bares y restaurantes.

Taxi

⌾ Llegar a Sevilla pág. 3.

Este medio de transporte sigue siendo bastante cómodo: es fácil parar un taxi blanco en las calles de Sevilla.

Radio taxi - *☏ 954 571 111 o 954 622 222.*

Estaciones: plaza Nueva, Puerta de Jerez (cerca de la catedral) y plaza del Duque (en el corazón del barrio comercial).

Calcula unos 6/7 € para un trayecto por la ciudad, 10/12 € para ir a la estación de Renfe y a la isla de la Cartuja, y una tarifa fija en 23,50 € para ir al aeropuerto (26,20 € los domingos, festivos y después de las 21:00 h).

Teléfono

Llamadas internacionales
Desde Sevilla al extranjero
☏ 00 + código del país + número deseado.

Llamadas locales
Prefijos - Cada número de teléfono fijo tiene 9 dígitos que incluyen el prefijo (95 para Sevilla). Los números de teléfono móvil empiezan por 6 y también tienen 9 dígitos.

Transporte público

⌾ Llegar a Sevilla pág. 3.

Autobús
Tussam - Estación principal del Prado de San Sebastián - *☏ 955 010 010* - www.tussam.es.

Puntos de venta - Prado de San Sebastián y plaza Ponce de León.
Los autobuses circulan de 6:00 a 23:30 h. Puedes encontrar el mapa de la red de transporte (*Plano de transporte público*) en las oficinas de turismo.

Las líneas **C1, C2, C3, C4 y C5** recorren la ciudad (un autobús cada 6-8 min). Para las 4 primeras, la estación se encuentra en el Prado de San Sebastián. El **autobús C1** (en el sentido de las agujas del reloj) atraviesa el Parque de María Luisa, cruza el río desde el Puente de Los Remedios y pasa por los barrios de Los Remedios, Triana y Cartuja, antes de cruzar el centro y pasar por la estación de Santa Justa y los barrios del este. El **autobús C2** realiza el mismo recorrido en sentido contrario. El **autobús C3** rodea el centro en el sentido de las agujas del reloj y pasa por Triana, mientras que el autobús **C4** realiza el mismo recorrido en sentido contrario sin cruzar el río. Un **servicio nocturno**, que parte del Prado de San Sebastián, recorre los distintos barrios de la ciudad: todos los días a medianoche, a la 1:00 y las 2:00 h; más horas los vi., sá. y vísperas de festivo.

Tranvía (MetroCentro)

Operada por Tussam, es la única línea del centro de la ciudad que conecta la plaza Nueva (ayuntamiento) con el barrio de San Bernardo, pasando por el Prado de San Sebastián (estación de autobuses). Está prevista una prolongación que extenderá el recorrido hasta el barrio de Nervión. Las condiciones son las mismas que para los autobuses. Los billetes pueden adquirirse en las máquinas expendedoras de las distintas paradas.

Metro

www.metro-sevilla.es. Actualmente solo hay una línea (22 estaciones) que conecta las afueras y otros pueblos con el centro de Sevilla. El precio del trayecto depende del número de zonas atravesadas (3 en total): 1,35 € (1 zona), 1,60 € (2 zonas) o 1,80 € (3 zonas).

Visitas guiadas

A pie

Guías oficiales - APIT (Asociación Provincial de Informadores Turísticos) ✆ 954 210 037 - www.apitsevilla.com (es necesario reservar visitas@apitsevilla.com). Desde 1978, esta asociación ofrece recorridos clásicos en varios idiomas. Existe la posibilidad de visitar lugares menos convencionales como palacios, o participar en recorridos como «Sevilla oculta». También puedes crear un programa personalizado según tus intereses.

Sevilla Walking Tours - ✆ 902 158 226 o 616 501 100 - www.sevillawalkingtours.com. Visita en inglés a la catedral (lu., mi., y vi. a las 13:30 h, plaza del Triunfo, 12 €/persona), el Alcázar (ma., ju. y sá. a las 13:30 h, plaza del Triunfo, 13 €/persona) y el centro monumental (de lu. a sá. a las 10:30 h, plaza Nueva, 18 €/persona). Entrada a los lugares no incluida. Se recomienda reservar.

En calesa/coche de caballos

Las numerosas estaciones de calesas alrededor de la catedral y en la plaza de España te darán la oportunidad de dar una vuelta por el Parque de María Luisa. Cuesta 45 €/h todo el año, excepto Semana Santa y Feria.

En autobus turístico

Los **autobuses turísticos** salen del paseo de Colón, al pie de la Torre del

Oro. Hay dos compañías: **City Sight Seeing** (www.city-sightseeing.com) y **Tour por Sevilla** (Cie Sevirama - ✆ 954 560 693 - www.busturistico.com). Salen a 20-23 €/persona, 10-12 € para niños de 5 a 12 años.

En barco

Barcos (Sevilla y Sanlúcar) - Muelle Torre del Oro - ✆ 954 561 692 o 954 534 720 - www.crucerostorredeloro.com. El interés de esta excursión es limitado, ya que pocos edificios importantes son visibles desde la orilla; un paseo por la ribera del río a ambos lados puede ser mucho más interesante. Cada hora de 11:00 a 21:00 (19:00 h en invierno), 18 €/1 h (2 € niños de 5 a 12 años). Excursión a Sanlúcar de Barrameda (a unos 100 km al suroeste de Sevilla), de mayo a octubre los fines de semana. Salida a las 8:30 h, regreso en autobús a las 19:00 h, con 5 h en Sanlúcar. Precio 39 € (menores de 12 años 20 €).

Zona horaria

Horario de Europa Central (UTC+1).

Eventos y espectáculos

Eventos anuales

Los dos momentos más importantes del año son, sin duda, la **Semana Santa** (◖ *pág. 120*) y la **Feria** (◖ *pág. 121*). Pero el calendario sevillano también incluye otros acontecimientos interesantes.

Febrero
▶**Día de Andalucía**, 28 de febrero.

Marzo
▶**Semana Santa**, marzo o abril.
▶**Femas** (Festival de Música Antigua de Sevilla). Conciertos en teatros, iglesias y otros espacios de la ciudad. www.femas.es

Abril
▶**Feria de Abril**, quince días después de la Semana Santa.

Mayo
▶**Interestelar**, conciertos de pop rock de grupos nacionales en el Centro Andaluz de Arte Contemporáneo - www.interestelarsevilla.com
▶**Cruces de Mayo**, 3 de mayo.
▶**Romería del Rocío**, en Almonte, Pentecostés.
▶**San Fernando**, patrón de Sevilla, 30 de mayo.

Junio
▶**Corpus Christi**, 60 días después de Semana Santa.
▶**Orgullo Gay**, último fin de semana de junio. Desfile por las calles del centro y conciertos en la Alameda.

Julio
▶**Velá de Santa Ana**, fiesta de la patrona de Triana (◖ *pág. 122)*, 26 de julio.

Agosto
▶**Procesión de la Virgen de los Reyes**, patrona de la ciudad, 15 de agosto.
▶**Conciertos de pop rock español seguidos de sesiones de DJ en el Casino de la Exposición**, junto a la Real Fábrica de Tabacos (actual Universidad). Generalmente conciertos ju., vi. y/o sá.

Septiembre
▶**Bienal del Flamenco**, todo el mes de septiembre, en años pares. Se organizan conciertos en teatros y otras salas de la ciudad. Los precios varían según la ubicación. www.labienal.com.
▶**Jornadas Europeas del Patrimonio**, 3er fin de semana de septiembre.

Octubre
▶**Día de la Hispanidad**, fiesta nacional española que conmemora la llegada de Colón a América el 12 de octubre de 1492.

Noviembre
▶**Festival de Cine Europeo de Sevilla**, 10 días durante la primera quincena de noviembre. Celebración del cine europeo. Información: festivalcinesevilla.eu.

PARA SABER MÁS

El pabellón mudéjar.
JoseIgnacioSoto/Getty Images Plus

El ritmo andaluz

¡En Sevilla tendrás que adaptarte al ritmo de vida andaluz!
Un hábito fácil de adquirir, especialmente durante el calor del verano.

Desayuno

A los españoles les encanta desayunar en el bar: aprovecha también esta costumbre, sobre todo porque muy pocos hoteles lo sirven, salvo los de cierta categoría.
La fórmula clásica consiste en café con leche y tostadas con un chorrito de aceite de oliva, a las que se les puede añadir pulpa de tomate y unas lonchas de jamón ibérico.
Los más golosos no pueden dejar de probar el chocolate con churros, otro gran clásico: chocolate espeso a la taza acompañado de los famosos churros, que a los españoles también les encanta comer como merienda o después de una larga velada de fiesta. Un poco pesado, sin duda, ¡pero realmente delicioso!
También encontrarás tostadas sencillas con mantequilla y mermelada en casi todas partes: basta con pedir una tostada con mantequilla y mermelada. Una tostada media es una sola unidad. Los postres horneados también se encuentran fácilmente.
Atención: si pides un café, te servirán un café con leche. El expreso se llama café solo.

Almuerzo y siesta

Para la media mañana se pueden tomar unos bocadillos y un café con leche hacia las 11:00-12:00 h. El verdadero almuerzo (o comida) no es hasta las 14:00 o incluso las 15:00 h. El horario laboral actual ya no permite la tradicional siesta entre semana. Sin embargo, algunos pequeños comercios cierran entre las 14:00 y las 17:00 h, momento en el que la actividad en las calles se ralentiza.

Aperitivo y cena

Después del trabajo, sobre las 20:00 h, se sale a tomar el aperitivo (unas cervezas acompañadas de tapas) y no se cena hasta las 21:00-22:00 h.
Los fines de semana, los restaurantes y pubs están llenos hasta la medianoche o la una de la madrugada.
A los españoles les encanta salir a comer: rara vez invitan a amigos a casa, más bien se reúnen para tomar las tapas o ir a restaurantes. ¡Precisamente por eso las ciudades andaluzas están tan animadas por la noche!

La vida nocturna

La marcha (fiesta, vida nocturna) andaluza es sin duda una de las más excitantes de España.
En Sevilla te sorprenderá el ambiente festivo y alegre que se respira hasta altas horas de la noche y, sobre todo, los fines de semana. La noche típica de los jóvenes transcurre más o

La Feria de Sevilla.

menos así: se está en los bares de tapas hasta las 23:00-24:00 h, luego se pasa a los bares de copas para tomar una copa y, hacia la 1:00 o 2:00 h de la madrugada, se va a bailar. ¡Las discotecas no se llenan hasta las 3:00 h de la madrugada!

El orden de las celebraciones

El calendario de Sevilla está plagado de fiestas tradicionales. Quizás sea durante las **Fiestas de Primavera** cuando Sevilla está en su mejor momento. Con solo un intervalo de dos semanas, la Semana Santa y la Feria son los dos momentos principales del calendario sevillano. Toda la ciudad (o casi toda) participa, celebrando ante todo su patrimonio cultural, sus tradiciones y, por supuesto, la llegada de una nueva primavera. Momento culminante de la vida social sevillana, el **Corpus Christi** es motivo de una solemne procesión por las calles del centro de la ciudad: en balcones, escaparates, portales e iglesias se levantan altares con motivos religiosos eucarísticos y marianos alusivos a esta festividad.

En verano, el barrio de Triana celebra la popular **Velá de Santa Ana**, que atrae a gente de todos los rincones de la ciudad, mientras que en **Navidad**, las calles del centro se engalanan de luces y son animadas por los tradicionales campanilleros. La cabalgata de los Reyes Magos cierra las fiestas el 6 de enero. (⌖ *Fiestas tradicionales, pág. 120*).

La corrida de toros

En España, la fiesta de los toros siempre ha provocado largos y complejos debates, a menudo teñidos de contradicciones, entre partidarios y detractores, pero es un aspecto de la cultura española difícil de ignorar. Y Sevilla es uno de los destinos favoritos de los aficionados. Después de la plaza de toros de Madrid, la **plaza de toros de la Real Maestranza** acoge las corridas más famosas del país.
En la llanura del Guadalquivir, en torno a Sevilla, Cádiz y Huelva, las ganaderías son un fuerte elemento de identidad de Andalucía occidental.

La tauromaquia en la España actual

Según las encuestas, la mayoría de la población no ha visto nunca una corrida de toros ni tiene intención de hacerlo. El interés por la fiesta sigue disminuyendo con los años y la brecha entre generaciones se agranda.
La oposición y las manifestaciones recurrentes han conseguido incluso que se prohíba en algunas regiones del país.
Sin embargo, está claro que sin el toreo no existirían **ganaderías** de toros de lidia tan famosas como la de Miura, ni se criarían caballos tan hermosos, necesarios en cortijos y granjas.
Por el lado del arte y la literatura, la lucha entre el hombre y el toro, de origen tan antiguo, ha inspirado a los más grandes artistas que, de Picasso a Hemingway, de Manet a Cocteau, de Goya a García Lorca, han dedicado importantes obras al tema.

Una larga historia

La lidia hombre-toro existe en España desde la Edad Media (los primeros vestigios se remontan al siglo XI), pero entonces se practicaba a caballo.
Las reglas del toreo se fueron formando progresivamente durante el siglo XVIII. Los aficionados al toreo lo consideran un arte, incluso un ritual, en el que hombre y animal se enfrentan a vida o muerte, demostrando su valentía ante el mundo. En este ritual todo está codificado: lugar, vestuario, cronología del espectáculo, secuencia de pasos hasta la muerte final del toro, lo que confiere a la lidia una dimensión trágica.

Dos tipos de corridas de toros

Existen dos tipos de corridas de toros, aunque la estructura básica es idéntica. Las tradicionales **corridas de toros** se desarrollan a pie, mientras que durante las **corridas de rejón** el matador torea a caballo. En las **novilladas**, en cambio, se enfrentan novillos y aspirantes a matadores.

La pelea

Este cruel espectáculo puede herir la sensibilidad de las personas que defienden la causa de los animales.

Una corrida de toros comienza a última hora de la tarde y dura unas dos horas. Se matan seis toros de cinco años y más de 470 kg de peso.

El espectáculo comienza con el **paseíllo** (desfile) de los toreros, durante el cual entran al ruedo los tres matadores que participan en cada corrida y su cuadrilla, junto con los picadores a caballo. El desfile avanza hacia la tribuna, donde se encuentra el presidente, para rendirle homenaje.

Para cada toro, la **faena** (la lidia) se divide en tres **tercios** de 5 min cada uno.

El primero, destinado a estudiar el comportamiento del animal (excitándolo con un capote rojo) y a despertar su agresividad, se ven juntos caballeros, peones y matadores.

En el segundo tercio, los **banderilleros** intentan clavar la banderilla.

El tercer y último tercio es el del **toreo de muleta** y la muerte: el matador, solo en la plaza, sujeta la muleta roja para atraer al toro. Los pasos que da en ese momento, solo frente al toro, constituyen el momento más esperado de la lidia. Es ahí donde hace gala de su técnica, su valor y la agilidad de sus gestos. Una estocada final conduce a la muerte del animal.

El público expresa ardientemente el veredicto y el torero recibe diversos trofeos en función de su éxito (una oreja o dos orejas y rabo).

Al finalizar la corrida, el matador premiado sale triunfalmente por la puerta principal.

Rara vez ocurre que el matador, impresionado por el valor de un toro excepcional, pida el indulto para el animal. El toro es entonces aclamado por la multitud antes de ser liberado.

Grandes toreros sevillanos

Sevilla dio a España una gran cantidad de toreros legendarios. **Pepe Hillo** (1754-1801) y **Costillares** (1743-1800) sentaron las bases del toreo moderno en el siglo xviii.

A principios del siglo xx, época considerada la época dorada del toreo, **Joselito** (1895-1920) y **Juan Belmonte** (1892-1962) dominaron el arte del toreo.

Más recientemente, recordamos a **Curro Romero** (1933), favorito de los sevillanos, cuya carrera de alrededor de cuarenta años fue conmemorada con una estatua frente a la Maestranza, y **Morante de la Puebla** (1979), también una leyenda.

Flamenco

Símbolo eterno de Andalucía, el flamenco no se reduce a las actuaciones estereotipadas que ofrecen los tablaos para los turistas. Es una tradición mucho más viva, para algunos una verdadera filosofía de vida, que sigue evolucionando y experimentando nuevas formas (⚙ *Nuestras direcciones, pág. 89).*

Un canto visceral

El flamenco es una forma musical en la que la emoción va más allá de las reglas e implica ante todo a los sentidos. Como un cante que sale de las entrañas, el **cante jondo** expresa la mayoría de las veces un dolor, un desencuentro ante la vida, un lamento de amor o un sentimiento de nostalgia, aunque también hay temas más ligeros. La **guitarra** y el arte del **tocaor** son indispensables en el arte flamenco. Desde los años 70, la guitarra flamenca ha sido ensalzada por el gran **Paco de Lucía** (1947-2014). El baile que suele acompañarla tiene diversas formas.

El artista y su público

La relación del **cantaor** o tocaor con el público durante un concierto es parte integrante de la tradición flamenca. El público expresa su emoción llamando al intérprete por su nombre y los artistas se animan mutuamente en un cálido intercambio que a veces genera un **duende**. Esta palabra intraducible designa un momento de intensa comunión entre el intérprete y el público, como una corriente eléctrica que llega sin previo aviso. Se dice que

Camarón de la Isla (1950-1992) tenía el don mágico de desencadenarlo…

La historia del flamenco

Cliché identitario de Andalucía, el flamenco no tiene más de 200 años. Los expertos no están de acuerdo sobre sus orígenes, que siguen siendo un misterio.

Una identidad gitana

En el ritmo del flamenco se reconocen formas musicales pertenecientes a la música judía, bizantina y oriental. Se dice que es una especie de folclore andaluz nacido del mestizaje de los pueblos que se han sucedido en esta tierra. Si bien el flamenco no es una invención de los **gitanos**, son ellos quienes, a través de su interpretación y su arte, han aportado y desarrollado la música con la que se identifican. En cuanto al origen de la palabra, la hipótesis más extendida es la del árabe *felahmengu*, «canción campesina de una sola voz». Antes de mediados del siglo XIX, la existencia del flamenco está atestiguada en relatos de fiestas gitanas en ciertos barrios de Sevilla (Triana).

La época dorada de los cafés cantantes

Desde mediados del siglo XIX hasta los años 20, los cafés cantantes permitieron la difusión del flamenco. Fue en Sevilla donde nacieron los primeros **café-conciertos**, donde se podía disfrutar de este arte, hasta entonces limitado a ambientes familiares e informales, y donde empezaron a darse a conocer cantaores míticos, como La Niña de los Peines o Manuel Torre.

Decadencia y revalorización

Entre 1920 y 1950, el éxito del flamenco llevó a su teatralización en las óperas flamencas. Caracterizado por interpretaciones pomposas y cantaores que improvisaban como actores, el flamenco se convirtió en una caricatura de sí mismo: así acabó perdiéndole el arte del verdadero cante jondo. Pero a partir de los años 50, algunas iniciativas dieron al flamenco un nuevo impulso y nobleza, en particular la famosa Bienal de Sevilla. Hoy, unos pocos círculos privados de aficionados, las **peñas**, mantienen vivo el flamenco, cuya fama mundial le ha valido ser proclamado Patrimonio de la Humanidad por la Unesco.

Mutaciones y alianzas modernas

Aunque los puristas puedan indignarse, sería absurdo negar al flamenco, un arte nacido del mestizaje de los pueblos, el derecho a evolucionar y a tratar con otras formas musicales.
Las asociaciones con diversos ritmos (jazz, rock, música clásica o latinoamericana) forman parte de su historia: algunos de los ejemplos más famosos son **Paco de Lucía** y sus experimentos con numerosos jazzistas, el cantante **Diego El Cigala** (1968) y su colaboración con el pianista cubano Bebo Baldés, y el grupo **Ketama Ketama**, y su flamenco con sonidos pop y salseros. Formada en la escuela flamenca, **Rosalía** se ha alejado de ella, pero su pop latino, innovador y sofisticado, está influido por los sonidos típicos del flamenco.

Estilos

El término **palos** designa los distintos grupos rítmicos del flamenco, subdivididos a su vez en **estilos**, variantes rítmicas y regionales difíciles de distinguir para un neófito. Entre los más importantes están la **seguiriya**, grave y desgarradora, de la que García Lorca dijo que «divide el paisaje en dos hemisferios iguales», las **bulerías**, cante fiestero por excelencia que suele interpretarse al final de las actuaciones, y las **alegrías**, cuyo baile está lleno de gracia.
Aunque tienen algunos rasgos en común, las **sevillanas** no se consideran baile flamenco, sino folclórico.

Algunas personalidades

En cuanto al cante, recordemos a Camarón de la Isla, el cantaor más famoso, y a Enrique Morente (1942-2010), artista de vanguardia y gran conocedor de todos los estilos flamencos. Hoy, tanto su hija Estrella (1980) como Miguel Poveda (1973) aseguran al cante un futuro venturoso. Entre sus bailarines figuran la legendaria Carmen Amaya (1918-1963) y Antonio Gades (1936-2004), cuyas colaboraciones con la sevillana Cristina Hoyos (1946) marcaron toda una época. En la actualidad, tradición y experimentación conviven en el baile de Eva Yerbabuena (1970), Rocío Molina (1984) y, para seguir en Sevilla, María Pagés (1963) y el contemporáneo Israel Galván (1973).

Fiestas tradicionales

Semana Santa

Desde el Domingo de Ramos hasta el Domingo de Resurrección, la Pasión de Cristo y la Adoración de la Virgen se celebran en las calles de Sevilla en un contexto de fuerte fervor popular. Esta tradición se remonta al siglo XIV, pero las celebraciones de Semana Santa tomaron su forma definitiva en el siglo XVII.

Evento cultural complejo y rico, la Semana Santa mezcla lo sagrado y lo profano y sigue siendo, sobre todo, una celebración en la que la ciudad se redescubre a través del arte, el folclore y la espiritualidad en el sentido más amplio del término.

Las procesiones reúnen a más de medio centenar de **hermandades** o **cofradías**, que a su vez parten desde su propia iglesia para llegar, siguiendo un itinerario muy concreto, a la **carrera oficial**, recorrido común que pasa por la calle Sierpes y la plaza de San Francisco.

A continuación, cada cofradía debe atravesar la catedral antes de regresar a su parroquia. Durante la procesión suelen llevarse dos pasos, tronos profusamente decorados. El primero lleva una escultura de Cristo crucificado o un episodio de la Pasión, mientras que el segundo lleva una representación de la Virgen María. Los costaleros se turnan para sostener el paso, siguiendo el ritmo marcado por el capataz, el que dirige la procesión y anuncia las salidas y paradas. Delante de cada paso, ataviados con largos mantos de puntas que cubren el cuerpo y solo dejan al descubierto dos rendijas para los ojos, desfilan los nazarenos por millares, luciendo los colores de su cofradía.

El punto culminante de estas celebraciones tiene lugar en la madrugada del **Viernes Santo** con motivo de la **Madrugá**, cuando tienen lugar las procesiones más famosas y populares. Las cofradías de El Silencio, El Calvario y Jesús del Gran Poder pasan en primer lugar, solemnes y silenciosas, mientras sostienen una sublime escultura de Juan de Mesa. Otras procesiones, pertenecientes a cofradías obreras o barrios periféricos, desfilan al ritmo de tambores y trompetas en un ambiente mucho más característico. El entusiasmo alcanza su punto álgido en el momento del paso de las cofradías de la Macarena y la Virgen de la Esperanza de Triana, que portan las representaciones más veneradas de la Virgen.

Con motivo de la Semana Santa, el diario *ABC* publica un folleto especial, pero también puedes consultar el *Diario de Sevilla* y la completa página web *www.semana-santa.org,* o pedir consejo en el hotel o en la oficina de turismo. En la plaza de San Francisco y en la plaza Virgen de los Reyes se instalan tribunas: es difícil encontrar asiento, por el que hay que pagar de 15 a 30 €, o más, según el lugar y la hora del día elegidos.

Sabine Köppl / imageBROKER / age fotostock

Procesión de penitentes durante la Semana Santa.

Durante la Semana Santa los horarios de museos y tiendas se reducen y es difícil desplazarse, incluso a pie. Es mejor evitar Sevilla si no piensas asistir a las fiestas. Los primeros días son bastante tranquilos y aún es posible encontrar alojamiento, algo impensable de jueves a domingo, por lo que se aconseja reservar el hotel con al menos seis meses de antelación. Por último, en caso de lluvia, se cancelan las principales procesiones.

La Feria de Abril

Otro momento culminante del año, la Feria Abril sumerge a la ciudad en un torbellino incesante de festejos.

Dos semanas después del Domingo de Resurrección, Sevilla se prepara para nuevas fiestas.
Las primeras ferias se remontan a la Edad Media, y tienen su origen en las tradicionales ferias de ganado de primavera y otoño.
La más famosa es la Feria de Abril o Feria de Sevilla, existente desde 1847, que sirve de modelo a las demás. Los sevillanos construyeron una auténtica ciudad dentro de la ciudad, formada por cientos de casetas e iluminadas con 500 000 lámparas de papel, los farolillos, que se instalan durante una semana en el interior del **Real de la Feria**, en el barrio de los Remedios, en la margen occidental del Guadalquivir.

Las mujeres visten el tradicional traje de volantes sevillano y se adornan el pelo con peinetas de carey y flores. Los hombres visten traje y corbata o, si van a caballo, chaqueta corta y el tradicional sombrero.

Por la tarde tiene lugar el **paseo de caballos**, durante el cual jinetes, caballos y carruajes vistosamente engalanados desfilan por las avenidas del Real de la Feria. Los sevillanos, elegantemente vestidos, se reúnen en una de las numerosas casetas instaladas por los clubes, asociaciones, hermandades o empresas de la ciudad: beben, comen en familia o con amigos, cantan y bailan al ritmo de las **sevillanas**.

La mayoría de estos locales son privados y, por tanto, solo se puede acceder a ellos con invitación, pero algunos son públicos y de acceso libre, lo que permite empaparse del ambiente con una copa de fino o manzanilla. La fiesta dura toda la noche (incluso hasta la madrugada) y los sevillanos nunca se van a casa sin tomarse un chocolate con churros, que se sirve en la entrada principal de la Feria.

Además, junto al Real de la Feria (o Recinto Ferial), en la calle del Infierno, hay un gran y luminoso parque de atracciones para adultos y niños. A diferencia de la Semana Santa, la Feria se celebra fuera del centro de la ciudad, que sigue siendo transitable. Por la tarde o por la noche, acércate al Real para disfrutar del espectáculo ecuestre y tomar algo en una de las casetas públicas (o privadas, si tienes la suerte de ser invitado).

Cuidado: los hoteles, cuyas tarifas pueden triplicarse durante esta semana, suelen estar al completo.

La Velá de Santa Ana

El barrio de Triana muestra su alma popular y festiva durante la última semana de julio, con motivo de la festividad de Santa Ana (26 de julio), patrona del barrio. Una especie de feria en miniatura, la velá, tiene lugar de martes a domingo, sobre todo por la noche. El puente y la calle Betis se iluminan con farolillos de colores que se reflejan en las aguas del Guadalquivir. A lo largo del río se instalan casetas (a diferencia de la Feria, todas son públicas), donde se puede beber y comer con vistas a Sevilla. Los sevillanos acuden desde todos los rincones de la ciudad para degustar los famosos buñuelos de pescado y las sardinas asadas. En la plaza del Altozano se instala un escenario donde se organizan actuaciones de flamenco y música andaluza. Por la tarde es el momento del tradicional concurso de cucaña, una especie de justa náutica: se coloca una bandera al final de una barca en un palo cubierto de grasa y los jugadores deben intentar cogerla sin caer a las aguas del Guadalquivir.

El día de Santa Ana se celebra una misa solemne en su iglesia, durante la cual los fieles depositan ofrendas en forma de flores.

Menos exuberante que la Feria, la velá es una fiesta de barrio cuyo encanto reside en su sencillez y su alma popular.

Gastronomía

¡En Sevilla, no te faltará dónde elegir a la hora de comer!
Más que los restaurantes, los sevillanos prefieren los bares de tapas.
Pronto te darás cuenta de que las tapas aquí tienen poco que ver con otros sitios: la variedad es increíble y los precios generalmente más bajos.
Hoy, además, la restauración sevillana se enriquece con las nuevas tendencias, entre tradición y modernidad.

Tapas y raciones

El *tour* de tapas es un auténtico estilo de vida: el verbo «tapear» y la expresión «ir de tapeo» significan recorrer los lugares de tapas por la noche, con amigos o familiares.

La tradición de las tapas

Aunque no es ancestral, la tradición de las tapas está muy arraigada en toda España y, en particular, en Andalucía, donde nació en el siglo xix. La **tapa** es el plato con el que se cubrían las jarras y copas de vino de Jerez para ahuyentar las moscas y que se llenaba con pequeñas cosas para picar. Así empezaron a coger la costumbre de servir tapas con cada copa de vino. Lejos de los cacahuetes americanos, las tapas se exponen a menudo en los escaparates de los bares. Los tamaños varían de un lugar a otro.
Las **raciones**, o media ración, son tapas más grandes y abundantes que suelen compartirse entre varias personas.

Una auténtica renovación

Los hábitos y los gustos cambian y la restauración sevillana vive actualmente un auténtico proceso de metamorfosis.
Por un lado, están los lugares tradicionales, a menudo centenarios, donde el tiempo parece haberse detenido: azulejos, carteles antiguos y jamones colgados del techo componen el mobiliario. Su carta ofrece platos tradicionales con algún toque ocasional de creatividad.
Junto a estos establecimientos típicos, han surgido nuevos locales donde lo viejo y lo nuevo conviven de forma más o menos armoniosa: la decoración tradicional se enriquece con toques de diseño y tendencia y, en los platos, las recetas tradicionales se reinventan inspirándose en cocinas internacionales (asiática, sudamericana, etc.). La inventiva y la sofisticación transforman a menudo la idea original de las tapas. Por todas partes encontrarás locales de tapas de moda, llamados gastrobares, donde encontrarás lo mejor de la cocina sevillana moderna. Déjate tentar por esta variedad gastronómica probando tanto locales tradicionales como contemporáneos.

Trampas para turistas

La zona de la catedral y el barrio de Santa Cruz están llenos de lugares de tapas poco auténticos. Desconfía de los lugares que ofrecen paella (plato típico de la región de Valencia) y sangría (que los españoles consumen raramente). En general, fíate de los lugares donde la mayoría de la clientela sea local.

Algunas tapas clásicas

Para probar, junto con otros, en restaurantes tradicionales.
Aceitunas.
Adobo - Pescado marinado en una mezcla de pimentón y otras especias.
Albóndigas.
Boquerones - Boquerones marinados en vinagre o fritos.
Calamares fritos - Un gran clásico.
Croquetas - Croquetas de jamón, pollo, pescado, etc.
Ensalada de pulpo.
Ensaladilla - Ensalada de verduras con mayonesa.
Espinacas con garbanzos.
Gambas blancas/al ajillo.
Jamón.
Pescaditos (o pescaítos) fritos - Fritura ligera y sabrosa.
Pimientos del piquillo - Pimientos a la plancha marinados en aceite de oliva.

Queso - Queso más o menos seco (curado, semi curado).
Solomillo al whisky.
Surtido de ibéricos.
Tortilla - Tortilla con patatas, jamón, etc.

Algunas especialidades

El famoso **gazpacho** es un plato típico de verano (en invierno solo lo encontrarás en restaurantes turísticos). El origen de esta sopa fría, refrescante y que quita la sed se remonta a tiempos remotos: era un plato de verano para los trabajadores. Los ingredientes son tomate, pimiento, pepino, cebolla, ajo, pan, aceite de oliva y vinagre, pero hay muchas versiones del gazpacho: una de ellas, el **salmorejo**, es más espesa y se toma con taquitos de jamón y trocitos de huevo duro.
Igualmente tradicionales son el rabo de toro en salsa de carne y las espinacas con garbanzos, a menudo acompañadas de piñones.

Arte y arquitectura

☞ *Glosario artístico pág. 130.*

El arte hispano-musulmán

La conquista de Sevilla en el siglo VIII por los musulmanes y los cinco siglos posteriores de ocupación influyeron profundamente en el arte y la arquitectura de la ciudad.

La arquitectura morisca se caracteriza por el uso de diversos **arcos** y pilares que confieren ligereza: desde el arco de herradura, de influencia visigoda y oriental, hasta los arcos lobulados y polilobulados. La austeridad de los muros exteriores de los palacios andalusíes oculta interiores de insospechada belleza decorativa: las paredes están revestidas de **azulejos** o **alicatados** (azulejos con reflejos metálicos) y paneles de piedra tallada o estuco; los techos están cubiertos de magníficos artesonados con casetones de madera.

En todas las técnicas encontramos motivos geométricos, vegetales o epigráficos. Además, también destacan los **mocárabes**, motivos decorativos semejantes a estalactitas que adornan arcadas y cúpulas. Las pilas y fuentes, omnipresentes en las construcciones moriscas, recuerdan el triple papel del **agua** en la civilización islámica: práctico (para regar y refrescar el ambiente), religioso (para las abluciones antes de la oración) y estético (el agua refleja las decoraciones de los muros).

La influencia del arte y la arquitectura islámicos sería enorme en la región durante siglos. El estilo mudéjar hizo su aparición en el siglo XIV: típico de España, constituye una síntesis magistral de los estilos cristiano y árabe. Los palacios de la nobleza se cubrieron entonces de arabescos, las iglesias de azulejos y los techos artesonados. Ejemplos en Sevilla son el Alcázar, la Iglesia de Santa Catalina o la Casa de Pilatos.

En el siglo XX, el mudéjar volvió a estar de moda con la corriente historicista que construyó numerosos edificios de estilo neomudéjar.

El arte gótico (siglo XIII-XV)

El primer gótico andaluz, que apareció en el siglo XIII tras el inicio de la Reconquista, se inspiró en el modelo cisterciense (grandes rosetones en las fachadas, nave central, dos laterales inferiores y bóvedas ojivales).

El estilo gótico, más elaborado y cargado, aparece durante el siglo XV. Numerosos artistas flamencos intervinieron en la construcción de la catedral de Sevilla, iniciada en 1401, y aportaron una serie de innovaciones que serían retomadas por otras iglesias andaluzas, como la planta rectangular.

El Renacimiento (siglo XVI)

En el siglo XVI, la llegada del oro de América coincide con la introducción en España de nuevas formas artísticas renacentistas.

Sevilla, como otras ciudades, se convirtió en un hervidero de creación

Casa de Pilatos.

artística gracias a la aparición de importantes artistas.

Este sorprendente desarrollo alcanza su apogeo en los dos siglos siguientes, con la gran época del barroco andaluz.

Arquitectura

Durante el primer tercio del siglo XVI, destaca el **estilo plateresco**, llamado así porque las esculturas que cubren las fachadas evocan, con su riqueza, profusión y elegancia, el trabajo de los orfebres (plateros). Esta corriente se caracteriza por el arco de medio punto, la rusticación, las rejas, los capiteles clásicos y la presencia de medallones y escudos en las fachadas. Encontramos este estilo en la Sacristía Mayor y en la Capilla Real de la catedral de Sevilla, aunque la obra maestra del género es la fachada este del **ayuntamiento** realizada por **Diego de Riaño** (☞ *pág. 32*). Con el paso de los años, las bóvedas de cañón y de medio punto dominaron la arquitectura.

Pintura

Aunque en este período el aspecto religioso prevalece sobre el profano, Sevilla se permite una pequeña transgresión: algunas familias adineradas tienen temas profanos, mitológicos y alegóricos representados en sus viviendas (sobre todo en la **Casa de Pilatos** ☞ *pág. 35*). El máximo representante del Renacimiento temprano en Sevilla es el pintor **Alejo Fernández** (1475-1545), cuya obra más famosa es la *Virgen de los Marineros* del Alcázar de Sevilla. Varios pintores flamencos se trasladaron a Sevilla durante el siglo XVI, atraídos por la riqueza de la ciudad y la perspectiva de un mercado más amplio gracias a la presencia de las colonias en América. Peter Kempeneer, conocido como **Pedro de Campaña** (1503-1586), es el autor de la gran *Deposición* en la catedral de Sevilla.

Destaca también el sevillano **Luis de Vargas** (1502-1568), pintor andaluz formado en la escuela italiana, que realizó *Escenas de la vida de Cristo* (Catedral de Sevilla, Capilla Mayor ☞ *pág. 16*).

El Barroco (siglos XVII-XVIII)

Arquitectura

El barroco español fue predilecto en Andalucía, sobre todo tras la llegada de los Borbones y el desarrollo del comercio con América, que generó un frenesí constructor en todo el territorio. Sevilla se dotó entonces de casas señoriales e iglesias barrocas. La imaginación desbocada de los artistas no tuvo límites: estructuras cóncavas y convexas dieron un movimiento ondulante a las fachadas y se multiplicaron los motivos decorativos.

El sevillano **Leonardo de Figueroa** (1650-1730), autor de importantes obras civiles como el Palacio de San Telmo y el Hospital de los Venerables, realizó la Iglesia Colegial del Salvador de Sevilla (☞ *pág. 34*) y la Iglesia de San Luis de los Franceses (☞ *pág.* 56).

Escultura

A principios del siglo XVII, Andalucía se convirtió en un auténtico hervidero de escultura religiosa al servicio de la Contrarreforma y sus dictados en cuanto a la dramatización y expresividad de las obras, destinadas a educar a los fieles a través de las imágenes.

Numerosas cofradías crearon y multiplicaron los encargos de estatuas o grupos escultóricos para las procesiones (pasos). Las obras barrocas, cada vez más realistas y expresivas, se realizan en madera: los cuerpos se cubren a veces con telas y solo se esculpen los rostros y las manos, añadiendo a menudo ojos y lágrimas de cristal.

Apodado «Dios de la madera» por sus contemporáneos, **Juan Martínez Montañés** (1568-1649) es el fundador de la escuela sevillana de escultura y su representante más ilustre. Su obra maestra es el *Cristo de la Clemencia* de la catedral de Sevilla.

El Siglo de Oro de la pintura

El siglo XVII fue el Siglo de Oro de la pintura andaluza, que inicialmente continuó la tradición flamenca, dominante durante el siglo XVI, antes de evolucionar para hacer hincapié en la riqueza y la luminosidad.

Sin embargo, la fama de algunos pintores sevillanos de principios del siglo XX, entre ellos **Francisco Pacheco (1564-1644)**, cuñado de Velázquez, quedó un tanto eclipsada por la gloria de los tres maestros Velázquez, Zurbarán y Murillo.

Diego Velázquez (1599-1660), que nunca olvidó su formación sevillana, pasó la mayor parte de su vida en Madrid como pintor de corte y retratista de Felipe IV y la familia real. Antes de abandonar su ciudad natal, entre 1617 y 1623, realizó principalmente pinturas religiosas o costumbristas como *La Adoración de los Reyes Magos* (hoy en el Museo del Prado de Madrid).

Francisco de Zurbarán (1598-1664), extremeño de origen, estudió en Sevilla, donde se trasladó definitivamente en 1629. Es el pintor de la vida monástica y el autor de maravillosas naturalezas muertas, donde la realidad es representada con gran economía de medios y una paleta de colores deliberadamente limitada en favor de los juegos de luz, que en sus lienzos parecen brotar de los propios personajes. Exportó numerosas obras a América.

Bartolomé Esteban Murillo (1618-1682) es el pintor más famoso de su época. Pasó toda su vida en Sevilla, desde donde también exportó un gran número de lienzos destinados a las iglesias del Nuevo Mundo. Es un verdadero maestro en el uso de la técnica y el color, y destaca en las escenas de género. Su producción artística puede admirarse en el Museo de Bellas Artes de Sevilla.

Arte después del siglo XIX

Arquitectura

Tras unos siglos de esplendor, la crisis económica que afectó a toda Andalucía provoca un descenso de encargos y proyectos de gran envergadura.

La arquitectura moderna se desarrolló con el crecimiento económico de la región. **Aníbal González** (1876-1929), famoso arquitecto andaluz, dejó una huella innegable en la ciudad. A lo largo de su carrera, trabajó para recuperar el patrimonio arquitectónico de Sevilla en edificios de inspiración neoplateresca o incluso neobarroca. Arquitecto jefe de la Exposición Iberoamericana de 1929, González rediseñó la parte sur de la ciudad y construyó allí sus obras maestras: la **plaza de América** y la **plaza de España** (☞ *pág. 48*).

Tras la creación de la Escuela de Arquitectura de Sevilla en los años 60, se multiplicó la construcción de edificios públicos (estación de Santa Justa, conservatorio de Almería), complejos turísticos y palacios, diseñados por arquitectos andaluces o españoles (Saénz de Oiza, Moneo de La-Hoz, García de Paredes o Cano Lasso).

En 1992, la Exposición Universal ofreció la oportunidad de completar numerosos proyectos, proponiendo también soluciones atrevidas. Entre las últimas «locuras» arquitectónicas figura la impresionante obra del alemán Jürgen Mayer-Hermann, inaugurada en 2011: el **Metropol Parasol** (☞ *pág. 36*), una estructura muy original, conocida oficialmente como las setas de Sevilla, que se alza en la plaza de la Encarnación, en pleno centro de la ciudad.

La **Torre Sevilla** (del arquitecto César Pelli, 2017) es el primer rascacielos de Sevilla, construido en la isla de la Cartuja. Su construcción suscitó una gran polémica por el impacto que tendría en el *skyline* de la ciudad,

129

llegando incluso a arriesgar la exclusión de Sevilla de la Lista del Patrimonio Mundial de la Unesco.

Pintura

En el panorama de la pintura romántica destacan algunos artistas: los sevillanos Antonio Martínez Esquivel (1806-1857), José Gutiérrez de la Vega (1791-1865) y Valeriano Domínguez Bécquer (1833-1870), hermano del poeta Gustavo Adolfo Bécquer. Gonzalo Bilbao (1860-1938), con sus escenas de la vida cotidiana en Sevilla, representa bien la transición entre romanticismo y realismo.

En el siglo XX, la fundación de la Real Escuela de Bellas Artes de Santa Isabel de Hungría dinamizó el panorama artístico sevillano. Por ejemplo, con Carmen Laffón (1934), cuya técnica le valió numerosos premios a lo largo de su carrera artística.

Glosario artístico

Alcázar - Palacio Real Árabe.
Arabescos - Decoraciones geométricas formadas por una serie de líneas entrecruzadas que componen motivos poligonales o estrellados. Característicos del arte árabe.
Artesonado - Techo de marquetería cuyas líneas forman entrelazados geométricos en madera tallada (artesonados).
Ataurique - Decoración vegetal estilizada inspirada en la hoja de acanto, característica del arte califal y del estilo mudéjar.
Azulejos - Baldosa cerámica pintada.
Camarín - Pequeña capilla en la parte superior de una iglesia, detrás del retablo, desde la que se venera una estatua de la Virgen María, vestida con preciosos ropajes.
Capilla mayor - Capilla situada en el eje de la nave que contiene el altar mayor.
Cabecera - Indica la parte final de la iglesia, detrás del altar, y suele incluir el ábside.
Churrigueresco - En el estilo de los Churriguera, arquitectos del siglo XVIII. Presenta una decoración barroca muy rica.
Columna salomónica - Columna retorcida recubierta de motivos vegetales.
Coro - Recinto a menudo construido en medio de la nave.
Minarete o alminar - Torre de la mezquita desde la que el almuédano llama cinco veces al día a los fieles de Alá a la oración.
Mozárabes - Cristianos que vivían en territorio musulmán antes de la Reconquista. También un estilo artístico.
Mudéjares - Musulmanes que vivían en territorio cristiano tras la Reconquista. También un estilo artístico.
Retablo mayor - Retablo monumental que a menudo se eleva hasta la bóveda. Se encuentra detrás del altar mayor, en la capilla mayor.
Sagrario - Capilla donde se guarda el santo sacramento; a menudo el sagrario es una iglesia independiente.
Sebka - Decoración de ladrillo en la que pequeños arcos polilobulados o líneas mixtas (rectas y curvas) se repiten sin cesar para formar una red de rombos.
Estuco - Decoración esculpida en yeso.
Transepto - Nave transversal que atraviesa la principal.

Artesanía

Uno de los productos artesanales más característicos de Sevilla es la cerámica. Los artículos disponibles son muy variados: azulejos, platos, maceteros y todo tipo de jarras y jarrones.

En **Triana**, barrio histórico de alfareros, se pueden encontrar talleres aún en funcionamiento (azulejos y piezas de coloridos dibujos). En la ciudad también se encuentra la producción de la famosa **Fábrica de la Cartuja**, con sus piezas de inspiración inglesa («Pickman») en tonos rosas, grises y verdes. También encontrarás cerámica doméstica en bruto y vajillas pintadas del **valle del Guadalquivir** (Carmona, Lebrija). La calidad y los precios varían mucho, y la producción artesanal de los talleres sevillanos suele ser más cara que la producción en serie disponible en otros lugares.

El **trabajo de la piel** también es típico de la región: en la ciudad encontrarás encantadores **artículos de cuero** (bolsos, cinturones, guantes…) y diversos productos relacionados con el mundo del caballo (*coulottes* de cuero, botas y sillas de montar) que captarán la atención de los aficionados a la equitación.

Usado por las mujeres durante la Feria y con motivo de eventos importantes (bodas), el **Mantón de Manila** es un cuadrado de seda bordado con motivos generalmente vegetales. Está bordeado con flecos y existe en diferentes tamaños y combinaciones

Tomás Guardia Bencomo/Getty Images Plus

Abanicos tradicionales.

de colores. De origen asiático, se elabora siempre de forma artesanal (bordado a mano) en algunos comercios de la ciudad.

Otro accesorio típico andaluz utilizado para adornar el pelo es la **peineta**, tradicionalmente de carey. Blancas, marrones, adornadas con pedrería, grandes, pequeñas: ¡tiene innumerables variaciones!

Por último, el **abanico**, práctico sobre todo en verano, es un gran clásico. Encontrarás estos tres artículos típicos del adorno femenino andaluz en las tiendas del centro. También puedes regalarte una pieza de época, a menudo de mejor calidad, adquirida en un anticuario.

Literatura y cine

Literatura

En Sevilla nacieron grandes personalidades de la literatura española: se trata de poetas famosos como Gustavo Adolfo Bécquer, Antonio Machado y Vicente Aleixandre.

Sevilla es también el origen de uno de los mayores mitos de la literatura universal: **Don Juan**. La obra de Tirso de Molina (1583-1648), titulada *El burlador de Sevilla* (hacia 1625), es la primera obra literaria que evoca al legendario héroe español. José Zorrilla (1817-1893), uno de los más grandes poetas y dramaturgos del Romanticismo español, ofreció en 1844 una nueva versión del mito que obtuvo un gran éxito.

En el siglo XIX, la ciudad siguió inspirando a importantes personalidades extranjeras, fascinadas por su exotismo y misterio. Entre los primeros **viajeros extranjeros** al sur de España figuran los escritores Richard Ford, Lord Byron, que escribió un *Don Juan* tras una estancia en Sevilla en 1809, y el francés Théophile Gautier. Prosper Mérimée creó entonces el otro gran personaje mítico vinculado a Sevilla, **Carmen**, cuyas peripecias inspiraron la famosa ópera de Bizet y numerosas películas. Unos años más tarde, Pierre Louÿs retomó el tema de la mujer fatal en su novela *La mujer y la marioneta*. En esta época, el poeta sevillano **Gustavo Adolfo Bécquer** (1836-1870), uno de los representantes más significativos del Romanticismo español, desconocido en vida, escribió sus **Rimas y leyendas**, inspiradas en el folclore español, el romanticismo alemán y el simbolismo fantástico.

El siglo XX supuso el apogeo de la poesía andaluza: con la Generación del 98 (grupo de escritores entre los que se encontraba el poeta andaluz **Antonio Machado**, 1875-1939) se inició en España un intenso período de actividad creadora. La brillante Generación del 27 incluía a los sevillanos **Vicente Aleixandre** (1898-1984), Premio Nobel de Literatura en 1977, y **Luis Cernuda** (1902-1963).

Aunque nació en Madrid, **Sara Mesa** (1976) vivió en Sevilla desde su más tierna infancia. Sus poemarios y novelas obtuvieron numerosos premios. Sus dos últimas novelas, *Un amor* y *La familia* (2022), le valieron el reconocimiento del público y la crítica.

Cine

Temas andaluces en el cine

El cine se ha inspirado muchas veces en paisajes y temáticas andaluzas, consideradas las más representativas de España.

Carlos Saura es sin duda el director que más películas ha realizado inspirándose en el folclore de Andalucía. Inicialmente creó una trilogía dedicada al flamenco: *Bodas de sangre* (1981), inspirada en el clásico de la literatura española de Federico

García Lorca, *Carmen* (1983) y *Amor brujo* (1986). En *Sevillanas* (1992), Carlos Saura invitó a una docena de artistas, entre ellos los mejores bailarines, cantantes y músicos de España, a interpretar esta música y baile típicos del folclore. En *Flamenco* (1995) nos habla de los orígenes de la música más famosa de la cultura andaluza.

Tony Gatlif, director originario de Argel, también rindió homenaje a Andalucía y al flamenco a través de sus películas *Vengo* (2000) y *Exils* (2004). También se interesó por la situación de los gitanos, sobre todo en el sur de España, como demuestra *Corre Gitano* (1981), rodada con gitanos de Granada y Sevilla.

La directora francesa **Dominique Abel** realizó en 2003 el documental *Polígono Sur*, un retrato de este barrio marginal del extrarradio sevillano donde vive gran parte de la comunidad gitana de la ciudad.

En cuanto a la escena local, nos gustaría mencionar a tres cineastas sevillanos. A **Benito Zambrano,** originario de un suburbio cercano a Sevilla, le debemos la película *Solas* (1998), una exploración de las relaciones sociales y familiares en los barrios desfavorecidos de Sevilla que tuvo cierta resonancia en su momento. En cambio, **Alberto Rodríguez** alcanzó un gran éxito con *La isla mínima* (2014), un thriller ambientado en las marismas al sur de Sevilla. Muchos ven en él la renovación del cine andaluz. Por último, **Paco León** nos presenta

Índice Biblioteca de fotos/Imagen patrimonial/age fotostock

Retrato de Gustavo Adolfo Bécquer, obra de Valeriano Domínguez.

una ciudad sin trucos y a veces grotesca en *Carmina o Revienta* (2012) y su secuela *Carmina y Amén* (2014). Por último, las calles y plazas de Sevilla fueron escenario de varias películas internacionales como *Lawrence de Arabia* (1962) y *La Guerra de las Galaxias. Episodio II: El ataque de los clones* (2002), rodada en parte en la plaza de España. Más recientemente, algunos episodios de la serie **Juego de Tronos** se rodaron en los jardines del Alcázar y otras localizaciones de la provincia de Sevilla.

De Híspalis a Sevilla

Fundación y sucesivos imperios

La leyenda de que la ciudad fue fundada por Hércules atestigua la influencia que los pueblos del Mediterráneo oriental ejercieron sobre las tribus ibéricas de la zona. Griegos y fenicios se sucedieron antes de dar paso a los cartagineses, que se disputaron la región con los romanos, hasta que el vencedor Julio César fortificó la ciudad. Bautizada como *Hispalis*, se convirtió en una de las ciudades más importantes de la próspera provincia Bética. Los visigodos la nombraron capital provisional de su reino en el siglo VII, período marcado por la figura del humanista **San Isidoro**, obispo de la ciudad.

Del califato al fin de Al-Andalus

A partir del año 712, los árabes ocuparon Sevilla durante más de cinco siglos. Rebautizada *Isbiliya*, la ciudad permaneció a la sombra de Córdoba, capital del califato omeya. En 1023, el primer soberano abbasí (la dinastía hispanomusulmana de los abbasíes, de origen árabe, gobernó Sevilla de 1023 a 1091) proclamó la independencia de la ciudad y la convirtió en la capital más influyente de las taifas, pequeños reinos independientes. A partir de entonces, la ciudad vivió una época próspera y, durante el reinado del poeta Al-Mutamid (siglo XI), se convirtió en el centro cultural y político del sureste de España. Bajo la amenaza del rey de Castilla, el soberano recurrió al sultán almorávide de Marruecos, que se deshizo de Al-Mutamid para apoderarse del reino.

En el siglo XII, los **Almohades**, dinastía bereber que derrotó a los almorávides, hicieron de Sevilla una de las capitales de su reino junto con Marrakech. En este próspero período se construyeron numerosos edificios, entre ellos la Giralda y un sistema de fortificaciones que resistió dos años de asedio antes de rendirse a las tropas del rey **Fernando III**. El vencedor estableció allí su corte y Sevilla se convirtió en la base de una fase esencial de la Reconquista, durante la cual capitularon las grandes ciudades meridionales y occidentales de Andalucía.

Puerta de entrada a las Indias

Cuando en 1503 se le concedió el **monopolio del comercio** con las Indias, Sevilla era ya la ciudad más poblada de la península y su historia se vio sacudida por esta decisión. Durante casi dos siglos, las riquezas que llegaban de ultramar afluyeron a la ciudad, al tiempo que se exportaban los productos manufacturados indispensables para la colonización de América (herramientas, armas, pero también pinturas religiosas y retablos). Sevilla atrajo a aventureros, los famosos «pícaros», comerciantes y artistas que venían de toda Europa a buscar fortuna, de modo que la población se duplicó durante el siglo XVI. Este extraordinario desarrollo económico y demográfico vino acompañado de la creación de una primera universidad, en 1502, y de un frenesí constructor que hizo perder a la ciudad su condición de medina: se ampliaron los arrabales, incluido Triana, barrio marinero e industrial.

Sin embargo, la elección de Sevilla como puerto de escala de las flotas españolas no era esperada: situada a unos 90 km del mar, el puerto era de difícil acceso. En primer lugar, había que atravesar el peligroso estuario del **Guadalquivir** y, en ausencia de vientos y mareas favorables, el remonte del río era casi imposible. El curso irregular, la ausencia de taludes y orillas estables, los frecuentes bajos y crecidas hacían del Guadalquivir un río lleno de sorpresas, capaz de bloquear durante días, incluso semanas, barcos cargados a pocos kilómetros del puerto. Además, los muelles del actual barrio del Arenal no tenían capacidad suficiente, lo que dificultaba la descarga, el avituallamiento y el mantenimiento de los barcos. La incesante actividad de los barcos compensaba la falta de muelles y la ausencia de cualquier pasarela que no fuera el puente de pontones construido por los musulmanes, una estructura frágil que había que reparar continuamente.

El dinamismo de una población en auge y el increíble desarrollo económico y científico de la ciudad permitieron superar estas deficiencias durante mucho tiempo.

No fue hasta 1717 que la Casa de Contratación (Cámara de Comercio)

gdenis/Fotosearch LBRF/âge fotostock

135

Sevilla en un dibujo de 1895.

pasó a estar en Cádiz, que ganó superioridad como puerto sureño abierto al océano. Sevilla cayó entonces en una relativa **decadencia**, acentuada por las epidemias que devastaron a la población y por los conflictos del siglo XVIII.

Un lento renacimiento

Los románticos del siglo XVIII volvieron a poner de moda a Sevilla (*pág. 132*), mientras que la industrialización y la organización de la Exposición de 1929 le dieron una nueva vitalidad.

A partir de julio de 1936, durante la **guerra civil**, la ciudad cayó en manos de los rebeldes, que llevaron a cabo ejecuciones sumarias y pusieron a la ciudad de rodillas. El barrio de Triana, en particular, fue escenario de masacres y represalias cuyas imágenes pasaron a la historia.

Durante los años del franquismo, muchos edificios antiguos fueron destruidos.

En 1980, Sevilla fue nombrada capital de la **Comunidad Autónoma de Andalucía,** la mayor de las diecisiete comunidades (87 300 km²) después de Castilla y León, y la más poblada (más de 8,4 millones de habitantes). Ese mismo año, la victoria electoral del Partido Socialista Obrero Español llevó al poder al sevillano **Felipe González**. La Junta de Andalucía es el órgano ejecutivo que, bajo los auspicios de un presidente elegido cada cuatro años y trece consejeros, dirige la comunidad desde Sevilla.

El poder legislativo está en manos del **Parlamento de Andalucía**, con sede en Sevilla y compuesto por 109 diputados elegidos cada cuatro años por sufragio universal, y que representan proporcionalmente a las ocho provincias andaluzas.

La **Expo'92** se organizó para celebrar el 500 aniversario del descubrimiento de América por Cristóbal Colón y dotó a Sevilla de modernas infraestructuras. Aunque la economía española era bastante próspera en torno al año 2000, la **crisis financiera** afectó a todo el país a partir de 2008 y fueron las regiones menos industrializadas, como Andalucía, las más afectadas. La tasa de desempleo superó el 25 % de la población activa española y, en 2010, el déficit público se acercó al 9,2 % del PIB. La población se empobreció mucho y

tuvo dificultades para soportar las reformas impuestas por las autoridades. La exasperación llevó al nacimiento del movimiento de los **indignados** (que en Sevilla se reunió bajo el recién inaugurado Metropol Parasol).

Hoy, aunque la tasa de desempleo sigue siendo alta, la capital andaluza está recuperando cierta estabilidad. A los sectores tradicionales de la agricultura (muy importante en la provincia) y el turismo se han unido los de la construcción aeronáutica y las energías renovables. El primero, bajo la dirección de Airbus, gestiona el ensamblaje de aviones militares europeos, mientras que en lo que respecta a la energía solar, la región sevillana alberga varias plantas de producción.

Además, en los últimos años han surgido varias iniciativas en la ciudad: se han inaugurado varios edificios (restaurantes, tiendas, galerías) que han dado un toque moderno a algunos barrios del centro, y numerosas asociaciones han dinamizado la escena artística local.

Sin embargo, la preocupante gentrificación del centro de la ciudad está alimentando un animado debate sobre el futuro de Sevilla.

Gracias a estos pequeños proyectos, Sevilla ofrece hoy una mezcla de tradición y modernidad difícil de encontrar en otros lugares, modelada a partir de su historia, en el transcurso de un tiempo en el que diversos pueblos y culturas se han flanqueado, enfrentado y fusionado.

Breve historia de España

1100 a. C. - Fundación de Cádiz por los fenicios.

264-241 a. C. - Primera Guerra Púnica.

237 a. C. - Llegada a Cádiz de **Amílcar Barca**, general de Cartago.

228 a. C. - Fundación de *Cartago Nova* (Cartagena) por Asdrúbal.

218-201 a. C. - Segunda Guerra Púnica.

204 a. C. - Conquista de Cádiz por los romanos.

98-117 d. C. - **Trajano** emperador de Roma.

117-138 - Reinado de **Adriano**.

409 - Invasiones Bárbaras.

507 - Llegada de los visigodos a la Península Ibérica.

554 - Toledo se convierte en capital del Reino visigodo.

587 - Conversión del rey Recaredo al catolicismo.

711 - Las tropas de Tarik cruzan el Estrecho de Gibraltar.

756 - Creación del Emirato de Córdoba.

929 - Inicio del Califato de Córdoba.

946 - Aparición del Reino de Castilla.

1031 - Desmembramiento del califato en reinos de taifas.

1085 - Conquista de Toledo por los cristianos.

1086-1212 - Dominación de los **Almorávides** y de los **Almohades**.

1212 - Derrota de los musulmanes en la batalla de las Navas de Tolosa.

1238 - Establecimiento del Reino nazarí, con Granada como capital.

1469 - Matrimonio entre **Isabel de Castilla** y **Fernando de Aragón**.

1478 - Establecimiento de la Santa **Inquisición**.

1492 - Rendición de Granada y fin de la era musulmana; expulsión de los judíos que se niegan a convertirse; primer viaje de **Cristóbal Colón**.

1499-1501 - Primera revuelta de los moriscos (musulmanes españoles convertidos a la fuerza al catolicismo) en las Alpujarras.

1503 - Fundación de la Casa de Contratación de Sevilla.

1519 - Carlos I es elegido emperador del Sacro Imperio Romano Germánico con el nombre de **Carlos V**; el conquistador Hernán Cortés llega a México.

1532 - Pizarro conquista el Perú.

1568-1571 - Nueva revuelta en las Alpujarras; los moriscos se dispersan por España.

1588 - Destrucción de la Armada Invencible (flota militar española) en el Canal de la Mancha ante Inglaterra.

1609 - Expulsión definitiva de los moriscos.

1680 - Cádiz sustituye a Sevilla y se convierte en el primer puerto del Atlántico.

1702-1713 - Guerra de Sucesión Española.

1788 - Abolición del monopolio colonial de Cádiz.

1805 - Desastre naval de **Trafalgar**.

1808-1814 - Guerra de Independencia contra la Francia napoleónica.

1812 - Las Cortes de Cádiz proclaman la primera Constitución liberal.

1824 - Pérdida de colonias americanas, excepto Cuba, Puerto Rico y las Islas Filipinas.

1898 - Pérdida de las últimas colonias de ultramar.

1931 - Inicio de la Segunda República.

1936-1939 - Guerra civil española.

1939 - El general Francisco Franco llega al poder e instaura una dictadura.

1975 - Muerte de **Franco** y establecimiento de una monarquía parlamentaria; Juan Carlos I es proclamado rey.

1980 - Proclamación de la autonomía de Andalucía mediante referéndum.

1981 - Entrada en vigor del estatuto de autonomía de Andalucía.

1982-1996 - **Felipe González** se convierte en presidente del Gobierno de España.

1992 - Exposición Universal de Sevilla.

2003 - El gobierno conservador de **José María Aznar** se declara a favor de la guerra contra Irak.

2004 - Atentado terrorista del 11 de marzo en Madrid; **José Luis Rodríguez Zapatero**, del PSOE, es elegido presidente del gobierno.

2005 - Ola de reformas sociales, entre ellas las relativas a la legalización del matrimonio entre parejas homosexuales, el divorcio, la educación religiosa y la inmigración.

2008 - José Luis Zapatero es reelegido presidente del gobierno. El país se ve golpeado por la crisis, especialmente Andalucía.

2011 - Nacimiento del movimiento de los indignados en Madrid.

2011 - Elección de Mariano Rajoy, del PP (Partido Popular), como presidente del gobierno.

2014 - El 18 de junio el rey Juan Carlos I

onda ocular/Getty Images Plus

La Torre Sevilla de César Pelli y la Torre Triana de Francisco Javier Sáenz de Oiza.

139

firma el decreto de abdicación. El 19 de junio el Príncipe Felipe es proclamado rey de España (Felipe VI).

2015 - En las elecciones autonómicas y municipales surgieron dos nuevos partidos políticos: Podemos y Ciudadanos.

2016 - Mariano Rajoy es reelegido jefe del Gobierno.

2017 - Inauguración de la Torre Sevilla (del arquitecto César Pelli).

2018 - Pedro Sánchez se convierte en presidente del Gobierno, suplantando a Mariano Rajoy. Celebración del año de Murillo (400 aniversario de su nacimiento).

2023 - España preside el Consejo de la Unión Europea.

La Guía Verde de Fin de Semana, editada por Philippe Orain

Por	Eric Boucher
Redacción	Alejandro Prieto de Vega, France Bourboulon, Dominique Camus, Alexandra Didier, Mathieu Guillochon, Maria Gutiérrez Alonso, Mélanie Lemaire, Matilde Miñón, Pierre Plantier, Claire Rideau, Natacha Sardou
Cartografía	Ecaterina-Paula Cepraga, Theodor Cepraga, Denis Rasse, Costina-Ionela Tarcea Planos de la ciudad: © MICHELIN 2022 y © 2006-2018 TomTom. Todos los derechos reservados.
Agradecimientos	Daniel Renier (secretaría), Aura-Ionela Mardari, Theodor Cepraga y Costina-Ionela Lungu (portada), Anne-Sophie De Neve, Marie Simonet, Marion Capera (iconografía), Irina Răcaru (datos objetivos), Bogdan Gheorghiu, Cristian Catona, Hervé Dubois, Pascal Grougon (preimpresión), Dominique Auclair (dirección)
Diseño gráfico	Laurent Muller (interior), Véronique Aissani (portada)

Créditos fotográficos págs. 4-5
(de izquierda a derecha y de arriba a abajo)

MarioGuti/Getty Images Plus
F. Rodríguez/age fotostock/Jürgen Mayer-Hermann
Lolo Vasco/Tramagestión/Turismo Andaluz
Lolo Vasco/Tramagestión/Turismo Andaluz
miralex/Getty Images Plus
neirfy/Getty Images Plus
Christine944/Getty Images Plus
fauk74/Getty Images Plus
Starcevic/Getty Images Plus

Título original: *Séville*

2019, 2023 MICHELIN Éditions, todos los derechos reservados

Para la edición española:

WS whitestar™ es una marca propiedad de White Star s.r.l.

© 2024 White Star s.r.l.
Plaza Luigi Cadorna, 6
www.whitestar.it

Traducción: Ormobook

Los derechos de traducción, reproducción y adaptación total
o parcial y por cualquier medio están reservados para todos los países.

ISBN 978-88-540-5621-3
1 2 3 4 5 6 28 27 26 25 24

Impreso en Serbia